長沙簡牘博物館
中國文化遺產研究院
北京大學歷史學系
故宮研究院古文獻研究所
走馬楼簡牘整理組 編著

長沙走馬楼三國吳簡

竹簡〔捌〕

（上）

文物出版社

書名題簽　啓功
攝影　劉小放　孫之常
封面設計　張希廣
責任編輯　蔡敏
責任印製　張道奇

圖書在版編目（CIP）數據

長沙走馬樓三國吴簡・竹簡. 第 8 卷/長沙簡牘博物館等編著. —北京：文物出版社，2015. 10
ISBN 978－7－5010－4385－9

Ⅰ. 長…　Ⅱ. 長…　Ⅲ. 竹簡－匯編－長沙市－三國時代　Ⅳ. K877. 5

中國版本圖書館 CIP 數據核字（2015）第 218473 號

長沙走馬樓三國吴簡
竹簡〔捌〕（上、中、下）

編著者　長沙簡牘博物館
中國文化遺產研究院
北京大學歷史學系
故宮研究院古文獻研究所
走馬樓簡牘整理組

出版發行者　文物出版社
北京市東直門内北小街二號樓
http://www.wenwu.com
E-mail:web@wenwu.com

印刷者　北京榮寶燕泰印務有限公司
經銷者　新華書店
二〇一五年十月第一版第一次印刷
定價：二八六〇圓

787×1092　1/8　印張：116. 5　插頁：1
ISBN 978－7－5010－4385－9

長沙走馬樓三國吴簡保護整理領導小組

組　長　張文彬

副組長　文選德　梅克葆　唐之享

成　員（按姓氏筆劃排序，下同）

田餘慶　吴加安　金則恭　胡繼高　侯菊坤　張　柏　譚仲池

長沙走馬樓三國吴簡總體方案制訂組

顧　問　何兹全　宿　白　田餘慶　胡繼高

組　長　譚仲池

副組長　歐代明　謝建輝　李曉東　孟憲民　謝辟庸　盛永華　易肇沅

成　員　宋少華　宋新潮　何介鈞　趙一東　熊傳薪

辦公室　主　任　何　强

副主任　關　强

長沙走馬樓三國吴簡整理組

組　長　田餘慶

副組長　宋少華　王　素

成　員　吴榮曾　李均明　李鄂權　汪力工　胡平生　馬代忠　雷長巍

鄔文玲　楊　芬　熊　曲　蔣　維　駱黃海　劉紹剛　羅　新

長沙走馬樓三國吴簡保護組

組　長　胡繼高

成　員　方北松　金　平　胡冬成　畢　燦　趙桂芳　劉　慶　蕭静華

一九九七年至一九九八年期間，曾任長沙走馬樓三國吴簡保護整理領導小組的有副組長秦光榮、成員袁漢坤。一九九八年至二〇〇二年期間，曾任長沙走馬樓三國吴簡保護整理領導小組成員的有杜遠明，曾任長沙走馬樓三國吴簡總體方案制訂組的有組長杜遠明、副組長鍾興祥、鄭佳明、楊源明。

本卷編者

王　素　宋少華　鄔文玲

「十五」國家重點圖書出版規劃項目

本書出版得到全國古籍整理出版規劃領導小組資助

目録

上册

中册

下册

前言

本書爲《長沙走馬樓三國吴簡・竹簡》的第捌卷。長沙走馬樓二十二號井窖出土三國吴簡，根據出土情況分爲二大類：一大類爲採集簡，一大類爲發掘簡。採集簡係施工擾亂後，從井窖四周及十里以外湘湖漁場卸渣區搶救撿回的簡；這種簡相對殘斷。發掘簡係吴簡正式發現後，現場得到保護，經過科學發掘出土的簡；這種簡相對完整。《長沙走馬樓三國吴簡・竹簡》第壹至第叁卷爲採集簡，第肆至第玖卷爲發掘簡。本書所收均爲發掘簡，故而整體相對完整。

本書所收竹簡：按長沙原始編號，起五五三五二號，止六一四〇一號；按本書整理編號，起一號，止六〇五〇號。本書的拍照工作，分兩次完成：第一次起於二〇〇五年五月十一日，止於同月二十一日；第二次起於二〇〇五年九月十四日，止於同年十月二十日。拍照工作由文物出版社劉小放、孫之常承擔，宋少華領導和協調，汪力工、金平、蔣維、姜望來、畢燦、胡冬成、田開源等參加。本書的貼版與覈對工作，起於二〇一一年三月，止於同年十二月，係一次性完成，由宋少華領導和協調，蔣維、劉慶、畢燦等具體承擔。

本書附録揭剥圖的掃描、繪製工作，起於二〇一一年八月，止於二〇一二年十二月，由宋少華領導和安排，金平具體負責揭剥草圖的圖像掃描工作，劉佩潔具體負責電子揭剥圖的繪製工作。關於揭剥圖及附表的詳細情況，本書附録一另有專門説明，可以參閲。揭剥圖表尺寸、編號的覈對工作，起於二〇一二年三月，止於同年八月，由宋少華組織，劉慶、畢燦具體承擔。二〇一四年六月十七日，宋少華率金平、雷長巍將全部貼版和揭剥圖表等送到北京，交王素驗收。王素驗收完畢，轉交鄔文玲，委託鄔文玲對釋文與貼版進行最後覆覈；覆覈發現的問題，由王素最後審定。

本書的釋文初稿，由宋少華組織和協調，熊曲、楊芬、雷長巍、駱黄海等具體承擔，起於二〇一一年三月，止於同年八月，係一次性完成。釋文初稿的審覈和訂正，由王素承擔。王素先於二〇一一年十月十四日赴長沙，同月二十六日返京；又於同年十一月十日赴長沙，同年十二月十二日返京，分兩次完成工作。本書釋文的編注工作，歷時較長，大約用了三年時間，均由王素負責。本書人名、地名、紀年等索引的編輯工作，起於二〇一四年九月中旬，止於同年十二月中旬，由熊曲獨立承擔。

本書在整理過程中，得到長沙簡牘博物館、故宫博物院、故宫研究院、中國社會科學院歷史研究所等各級領導的大力支持。特别是故宫博物院成立故宫研究院及古文獻研究所後，本書主要整理者王素任所長，將《長沙走馬樓三國吴簡》整理列入該所首批重點項目，本書整理工作更加受到故宫博物院和故宫研究院領導的重視。此前，故宫博物院、故宫研究院曾爲《長沙走馬樓三國吴簡·竹簡》第柒卷舉行過首發式。本書也已列爲慶祝故宫博物院成立九十週年獻禮書。此外，文物出版社的責編蔡敏也爲本書的出版和協調竭盡心力。在此，謹向所有關心、支持本書工作的同行、朋友，表示衷心的感謝！另外，本書所收雖爲發掘簡，整體相對完整，但由於種種原因，字跡仍然不太清晰，給釋讀造成很大困難。因此，本書的疏漏和錯誤勢必難免。希望得到專家、學者的批評、指正。

編　者

二〇一四年十月

凡　例

一　本書收録的是長沙走馬樓二十二號井窖出土三國孫吴竹簡。共收録竹簡六〇五〇號。整理按發掘簡盆號依次進行。本書收録發掘簡四盆，具體爲：第二十盆一至二七九〇號，第二十一盆二七九一至五二七四號，第二十二盆五二七五至六〇三四號，第二十三盆六〇三五至六〇五〇號。其中，兩面有字的簡，竹黄为正，竹青为背；拍攝時一簡拆爲二簡，權宜處理，前者爲甲，後者爲乙；原始編號完成後重新歸位的小木牘，不單獨編號，附在前簡後，與前簡同號，後加（一）作爲區別。中有成卷竹簡十八卷，附有竹簡揭剥位置示意圖十八幅，以及相關情況説明，可以參考。

二　本書主要分圖版、釋文二部分。圖版係完成清洗後拍攝，拍攝時即分別給予原始編號，因而基本按原始順序編排（每頁起止號與前後頁銜接，其中長短稍有搭配）。釋文主要根據照片做出，照片不清楚則調出原簡並借助紅外線閲讀儀訂正，完全按原始順序編排。但將原始編號（五五三五二至六一四〇一號）改爲了整理編號（一至六〇五〇號）。研究者如需覈查原始編號，僅需將整理編號加五五三五一，就可得出原始編號。此外，本書還有附録二種：一種爲竹簡揭剥位置示意圖，一種爲索引（包括人名、地名、紀年三類索引），由於各自原有專門的説明可以參閲，這裏不作介紹。

三　釋文按通例：缺字用□表示，缺文用……表示，殘斷用〼表示，補字外加□，疑字下括問（？）號。「同」字文形制繁簡不一，統一用𫝀表示。此外，竹簡書寫原有一定格式。譬如：户口簿籍等簡，户主一般均頂格書寫，其他成員均退若干格書寫；收支錢糧賦税等簡，首字爲「入」、「出」者均頂格書寫，首字爲「其」、「右」者均退若干格書寫。還有常見的「凡口多少人」以及「貲若干」、「居在某丘」、「某月入倉」等注文，字與字間多保持一定間隔。釋文將儘量尊重原格式，但不論原空多少格，釋文都祇空一格。不是齊字殘斷，殘斷符號〼與字亦空一格。因回避編繩、竹節等造成的空格，以及爲計數、簽署等預留而未寫满的空格，釋文則不空。

四　竹簡中的古字和俗別、異體等字，釋文一般均改爲通行繁體字。如「凬」改爲「風」、「賔」改爲「賓」，等等。有規律的俗別字，處理採取統一原則。如竹簡「开」往往作「并」，釋文「㓝」、「閞」統一改爲「刑」、「開」。但懷疑有特殊含義的俗别字，釋文一般保持原貌。如「坠」可能與本身係土坯建築有關，不改爲「邸」。有規則或作人名、地名、病名的簡體字，釋文一般均照録。如「麦」、「盖」、「仙」、「断」、「复」、「亘」、「床」、「胆」、「坏」、「亲」等，釋文均照録。不規則的簡體字，釋文則改爲通行繁體字，如「庄」、「礼」改爲「莊」、「禮」。此外，當時「竹」、「艸」不分，「簿」、「薄」寫法混同，本書作爲官文書用語均釋爲「簿」，作爲人名、地名均釋爲「薄」。

五　注釋按照出土文獻整理原則，主要限於竹簡及釋文本身，大致包括朱筆、墨筆點記（有圓點、有頓點，不盡相同）、塗痕，以及衍脱疑誤、殘缺倒補，俗别異體、紀年干支等，衹説明情況，不作繁瑣考訂。此外，爲了既保存線索，又方便製版，凡字殘一半，注明另一半。簽署酌情加注。但坠閣「李嵩」、「郭據」、「董基」、「馬統」、「朱翻」、「終詢」等，庫吏「殷連」等，倉吏「監賢」、「谷漢」、「黄諱」、「潘（番）慮」、「張鼻」、「郭勳」、「馬欽」等，出現頻繁，其名多爲簽署，不一一注明。

圖版

（一——二六三七）

一
二
三
四
五
六
七
八

九 一〇 一一 一二 一三 一四 一五 一六

一七

一八
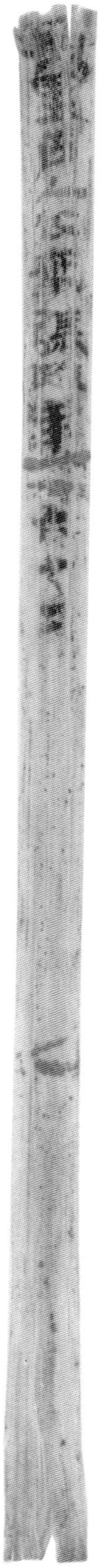

一九
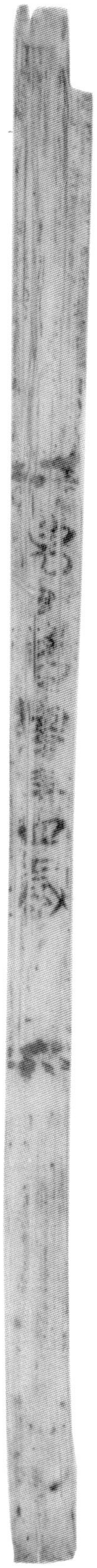

二〇

二一
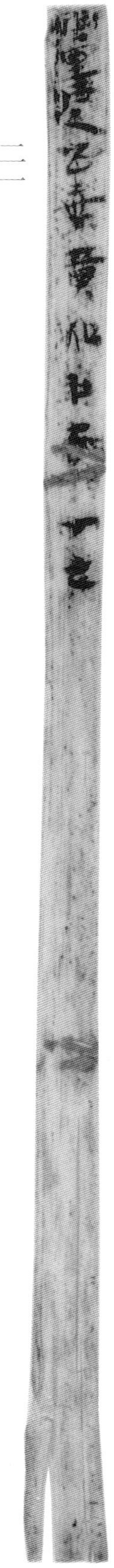

二二
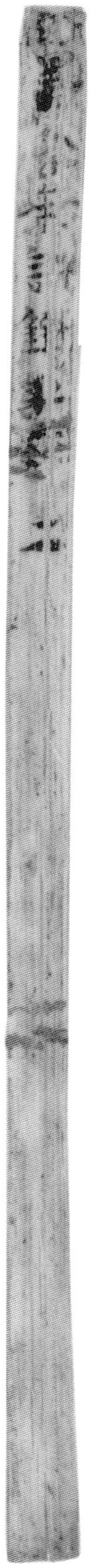

二三

二四
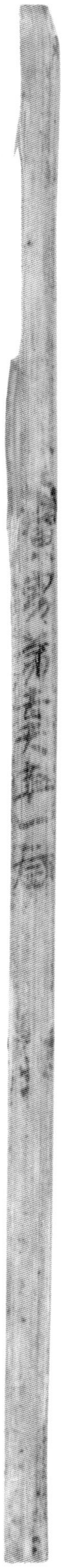

二五 二六 二七 二八 二九 三〇 三一 三二

三三 三四 三五 三六 三七 三八 三九 四〇

四一 四二 四三 四四 四五 四六 四七 四八

四九

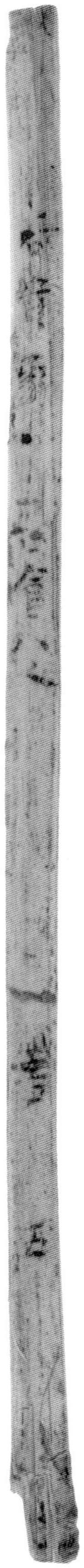
五〇

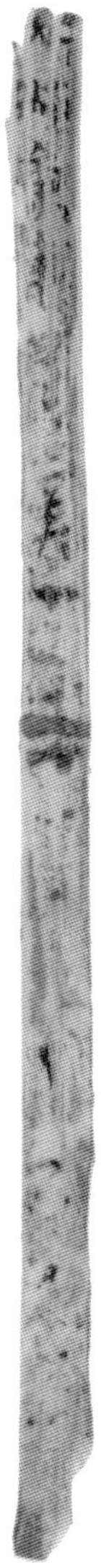
五一

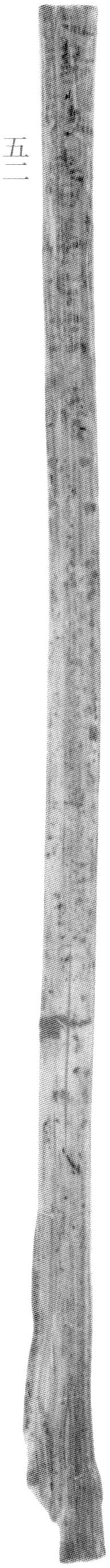
五二

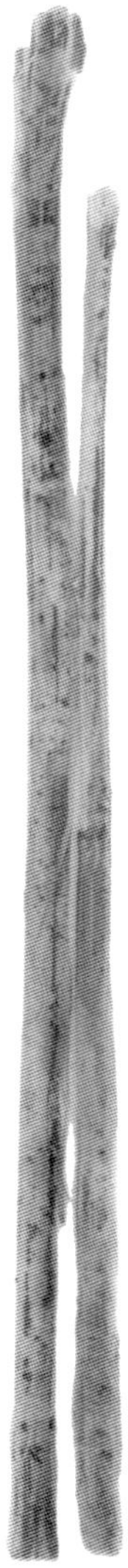
五三

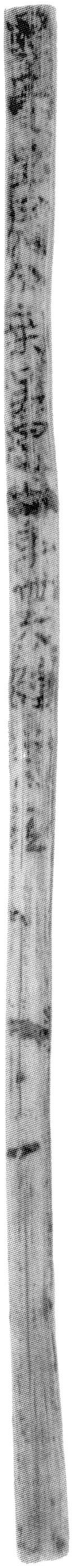
五四

五五

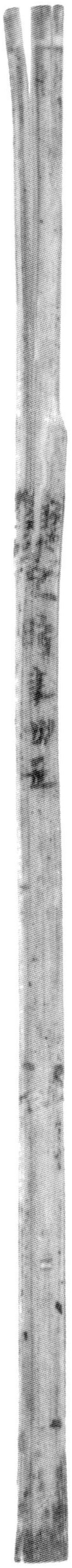
五六

五七 五八 五九 六〇 六一 六二 六三 六四

六五 六六 六七 六八 六九 七〇 七一 七二

七三 七四 七五 七六 七七 七八 七九 八〇

八一

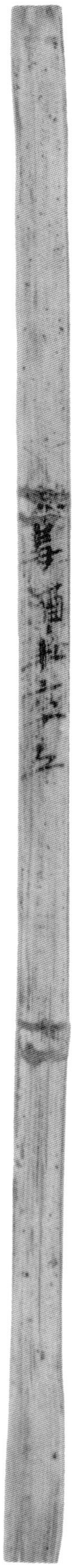

八二

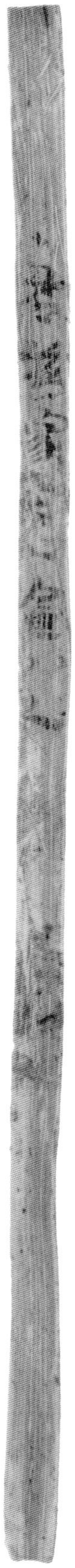

八三

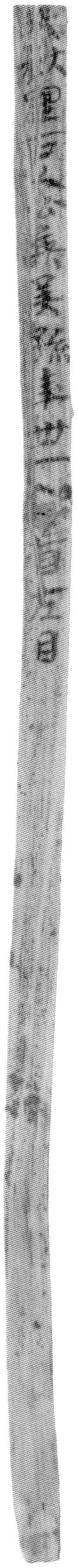

八四

八五

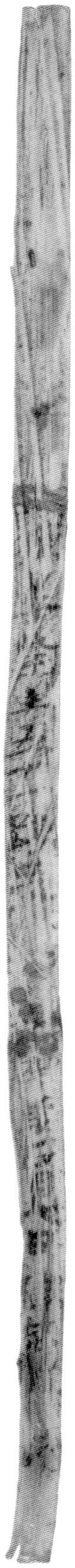

八六

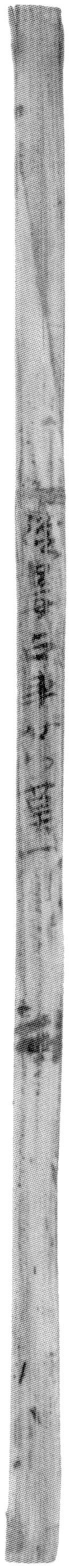

八七

八八

八九 九〇 九一 九二 九三 九四 九五 九六

九七
九八
九九
一〇〇
一〇一
一〇二
一〇三
一〇四

一〇五

一〇六

一〇七

一〇八

一〇九

一一〇

一一一

一一二

一一三 一一四 一一五 一一六 一一七 一一八 一一九 一二〇

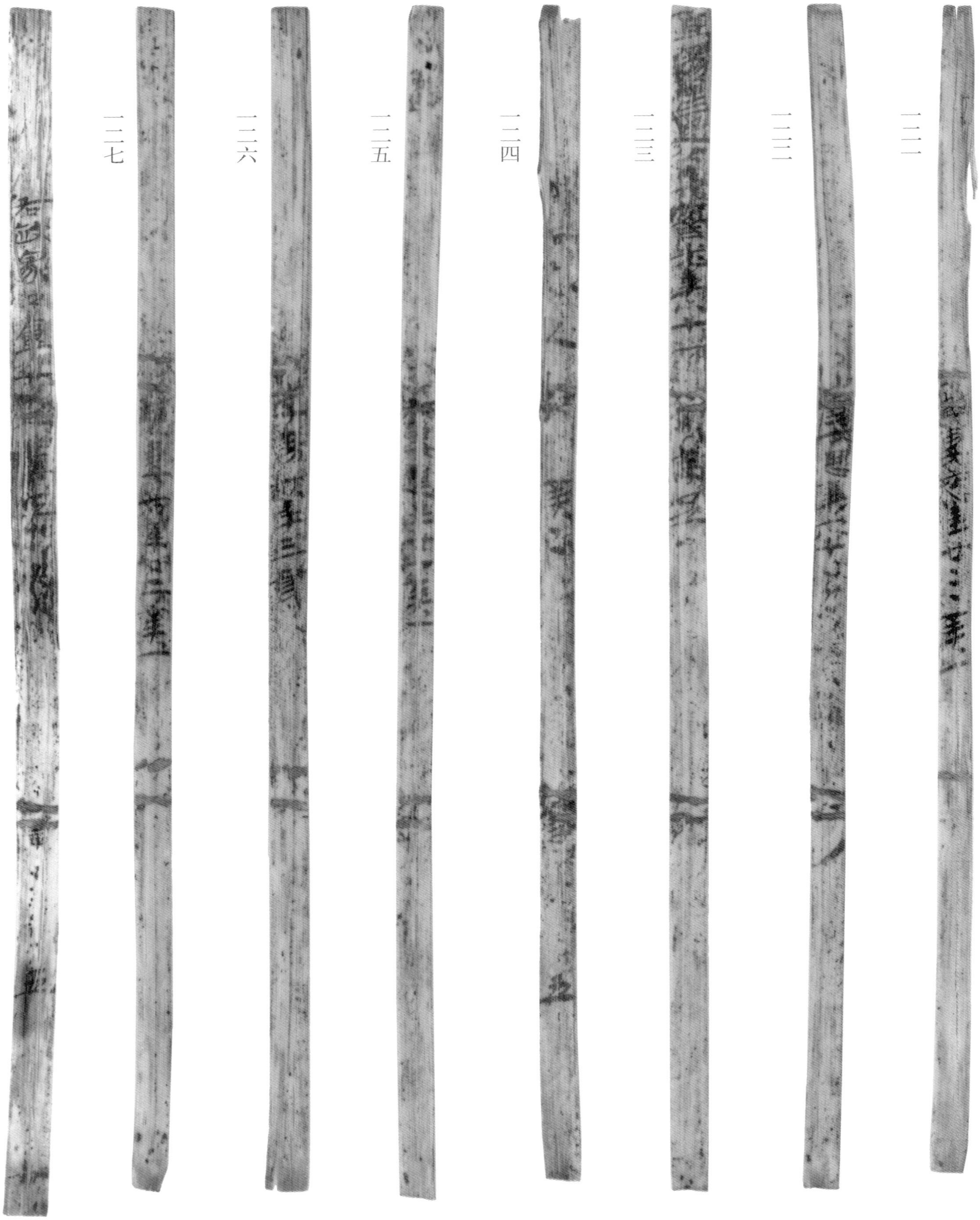

一二一
一二二
一二三
一二四
一二五
一二六
一二七
一二八

一二九
一三〇
一三一
一三二
一三三
一三四
一三五
一三六

一三七 一三八 一三九 一四〇 一四一 一四二 一四三 一四四

一四五 一四六 一四七 一四八 一四九 一五〇 一五一 一五二

一五三

一五四

一五五

一五六

一五七

一五八

一五九

一六〇

一六一
一六二
一六三
一六四
一六五
一六六
一六七
一六八

一六九 一七〇 一七一 一七二 一七三 一七四 一七五 一七六

一七七　一七八　一七九　一八〇　一八一　一八二　一八三　一八四

一八五

一八六

一八七

一八八

一八九

一九〇 一九一

一九二

一九三

一九四
一九五
一九六
一九七
一九八
一九九
二〇〇
二〇一

二〇二

二〇三

二〇四

二〇五

二〇六

二〇七

二〇八

二〇九

二一〇 二一一 二一二 二一三 二一四 二一五 二一六 二一七

二一八 二一九 二二〇 二二一 二二二 二二三 二二四 二二五

二二二六　二二二七　二二二八　二二二九　二二三〇　二二三一　二二三二　二二三三

二三四　二三五　二三六　二三七　二三八　二三九　二四〇　二四一

二四二

二四三

二四四

二四五　二四六

二四七　二四八　二四九　二五〇　二五一

二五二　二五三　二五四　二五五　二五六

二五七　二五八　二五九　二六〇　二六一

二六二　二六三　二六四　二六五　二六六

二六七 二六八 二六九 二七〇 二七一

二七二 二七三 二七四 二七五

二七六 二七七 二七八 二七九

二八〇 二八一 二八二

二八三 二八四 二八五

二八六 二八七

二八八 二八九

二九〇 二九一

二九二　二九三

二九四　二九五

二九六　二九七

二九八　二九九

三〇〇　三〇一　三〇二

三〇三

三〇四

三〇五　三〇六

三〇七
三〇八
三〇九
三一〇
三一一 三一二
三一三
三一四
三一五

三一六

三一七

三一八

三一九

三二〇

三二一

三二二

三二三

三二四
三二五
三二六
三二七
三二八
三二九
三三〇
三三一

三三二
三三三
三三四
三三五
三三六
三三七
三三八
三三九

三四〇 三四一 三四二 三四三 三四四 三四五 三四六 三四七

三四八
三四九
三五〇
三五一
三五二
三五三
三五四
三五五

三五六　三五七　三五八　三五九　三六〇　三六一　三六二　三六三

三六四
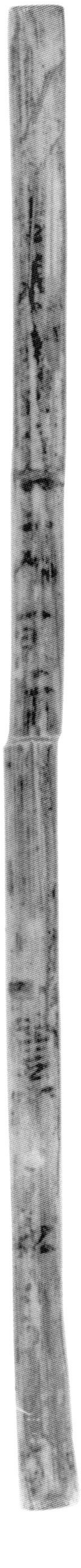

三六五
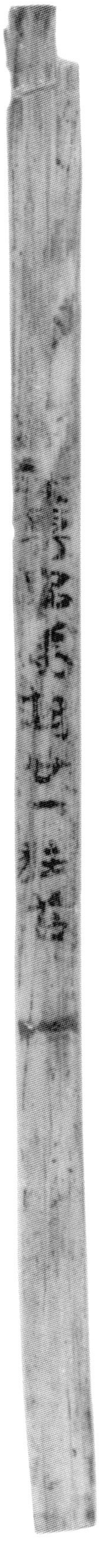

三六六
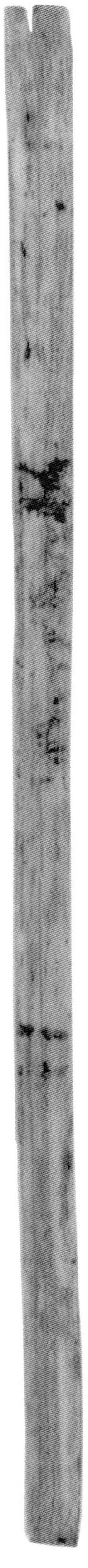

三六七

三六八

三六九
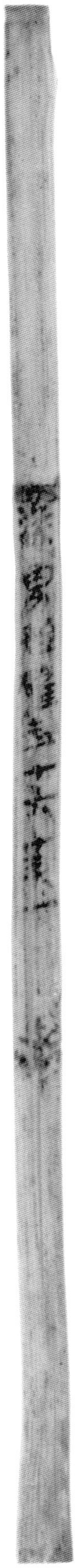

三七〇
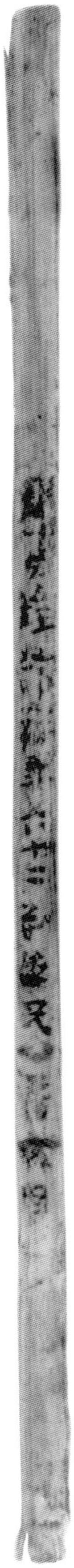

三七一
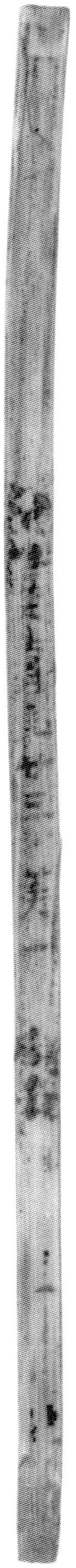

三七二 三七三 三七四 三七五 三七六 三七七 三七八 三七九

三八〇 三八一 三八二 三八三 三八四 三八五 三八六 三八七

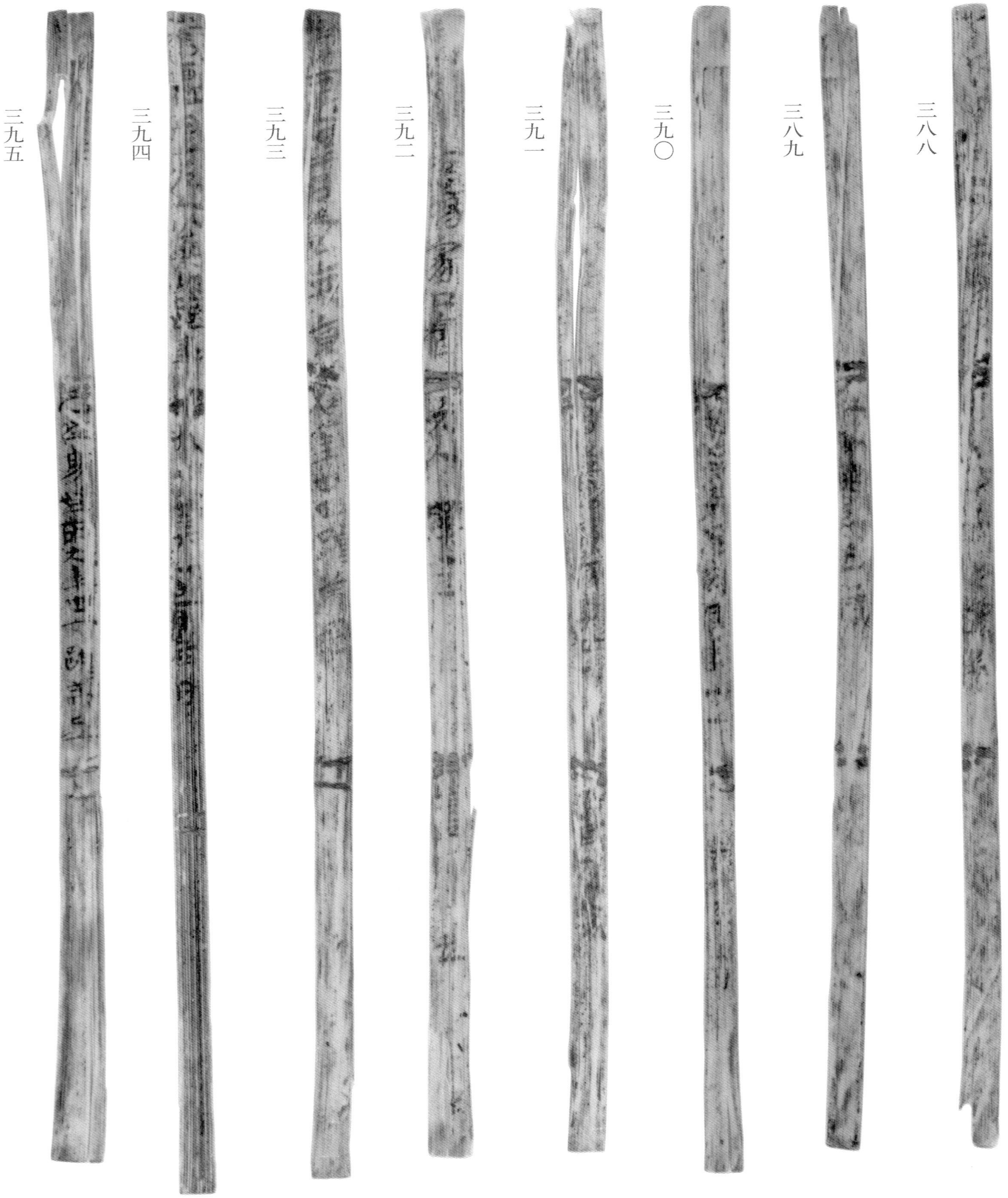

三八八

三八九

三九〇

三九一

三九二

三九三

三九四

三九五

三九六 三九七 三九八 三九九 四〇〇 四〇一 四〇二 四〇三

四〇四

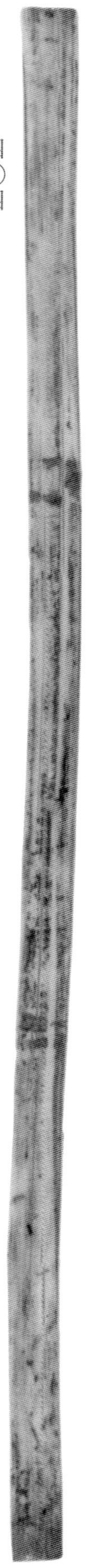

四〇五

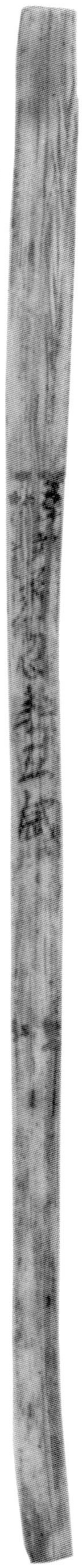

四〇六

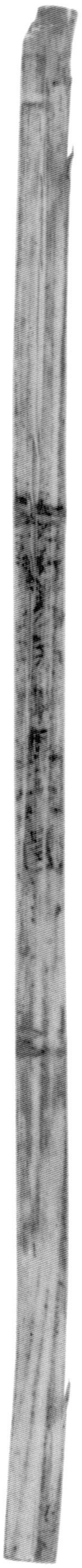

四〇七

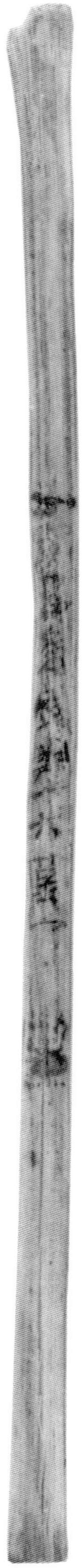

四〇八

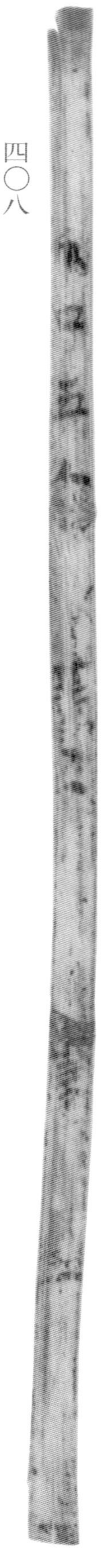

四〇九

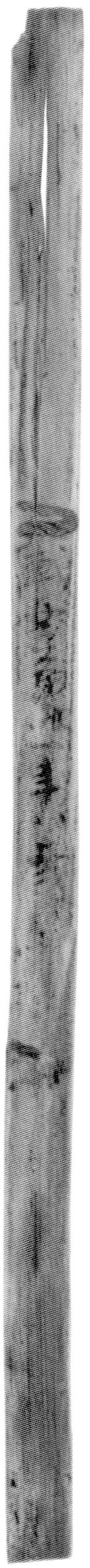

四一〇

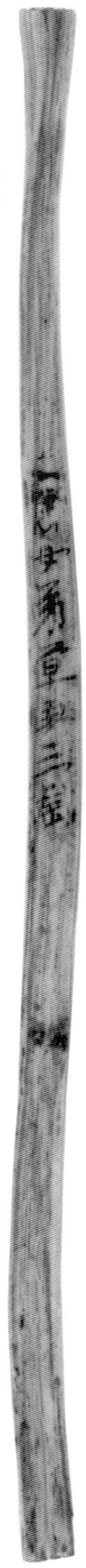

四一一

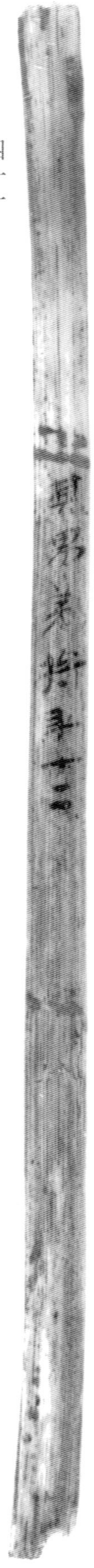

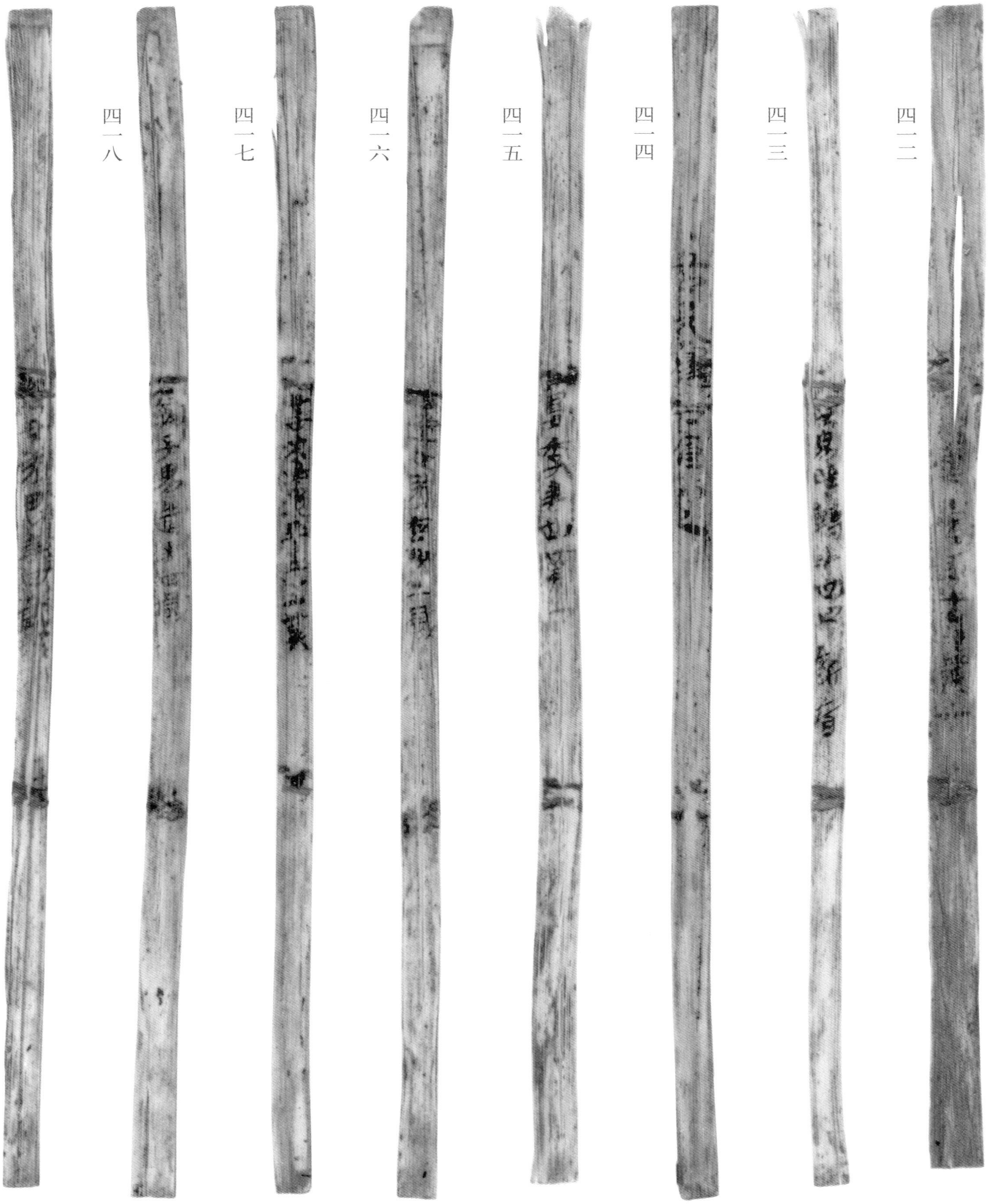

四一二　四一三　四一四　四一五　四一六　四一七　四一八　四一九

四二〇 四二一 四二二 四二三 四二四 四二五 四二六 四二七

四二八 四二九 四三〇 四三一 四三二 四三三 四三四 四三五

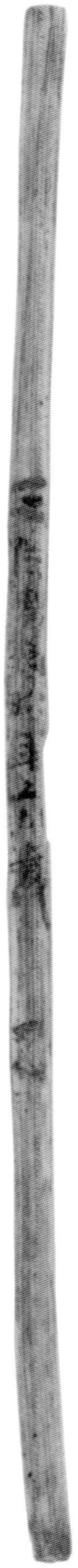
四三六

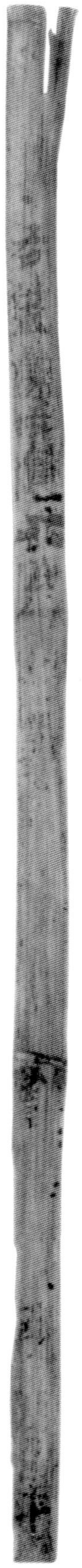
四三七

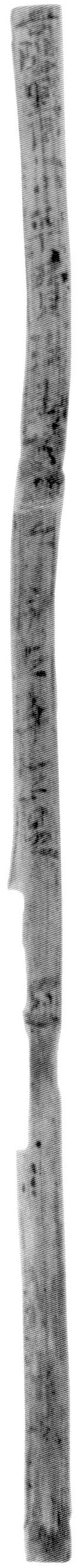
四三八

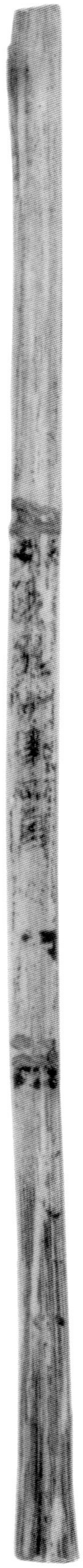
四三九

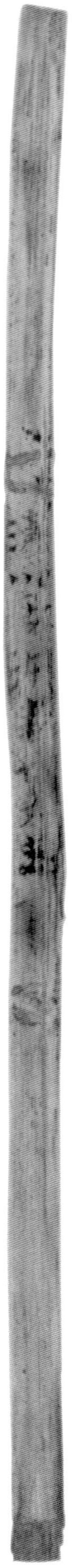
四四〇

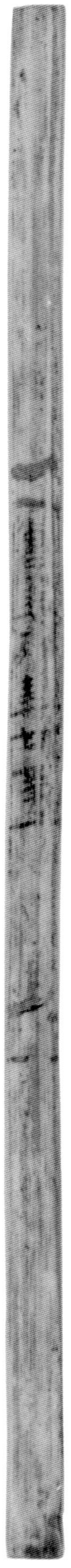
四四一

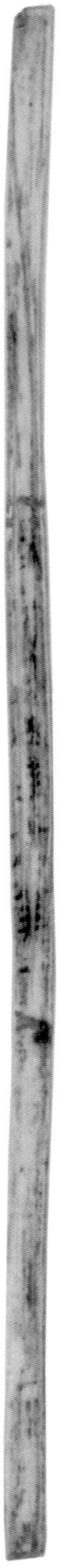
四四二

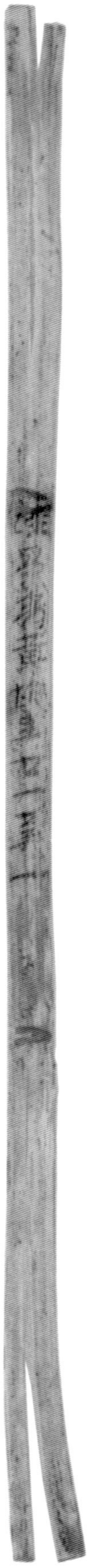
四四三

四四四

四四五

四四六

四四七

四四八

四四九

四五〇

四五一

四五二

四五三

四五四

四五五

四五六

四五七

四五八

四五九

四六〇

四六一

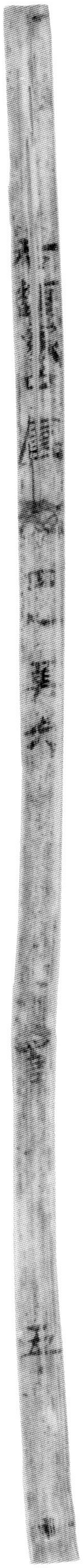

四六二

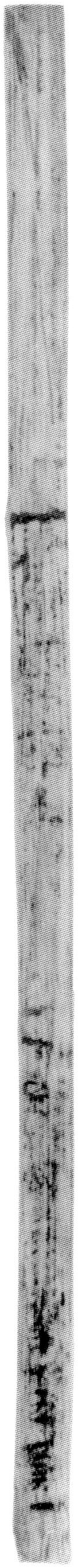

四六三

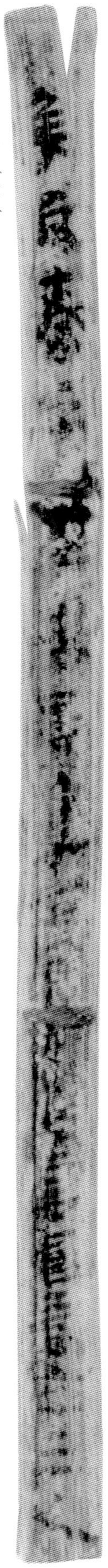

四六四

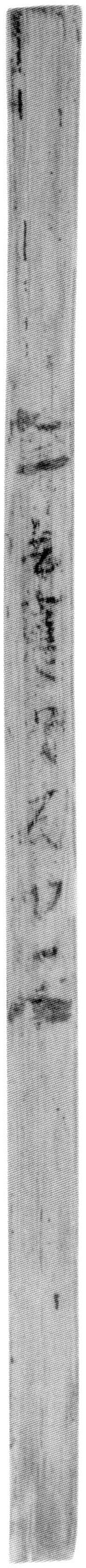

四六五

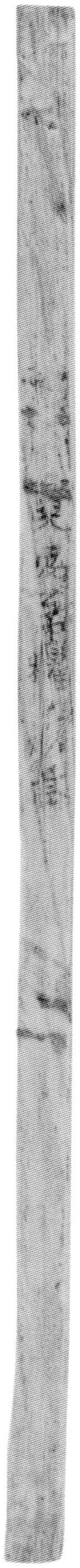

四六六

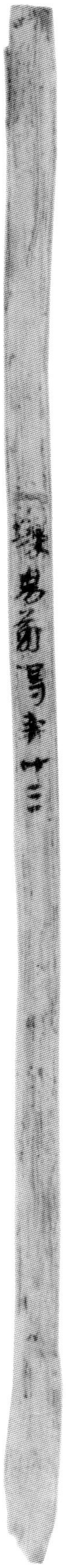

四六七

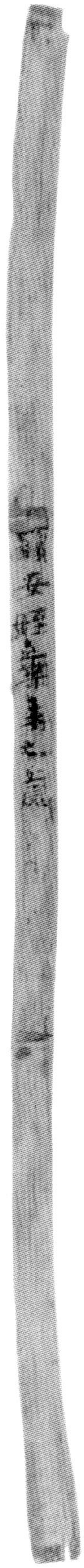

四六八 四六九 四七〇 四七一 四七二 四七三 四七四 四七五

四七六 四七七 四七八 四七九 四八〇 四八一 四八二 四八三

四八四

四八五

四八六

四八七

四八八

四八九

四九〇

四九一

四九二
四九三
四九四
四九五
四九六
四九七
四九八
四九九

五〇〇

五〇一

五〇二

五〇三

五〇四

五〇五

五〇六

五〇七

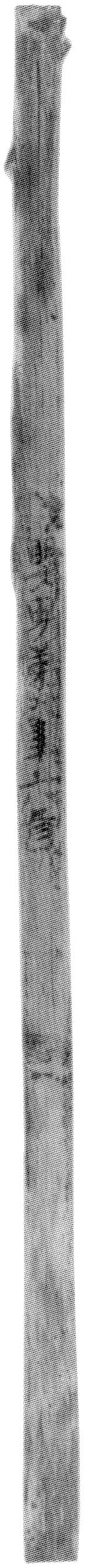
五〇八

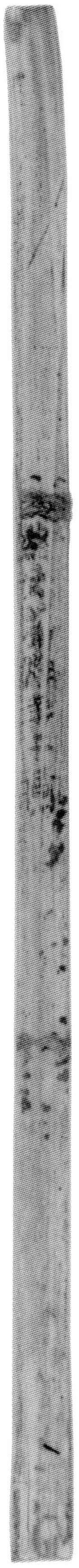
五〇九

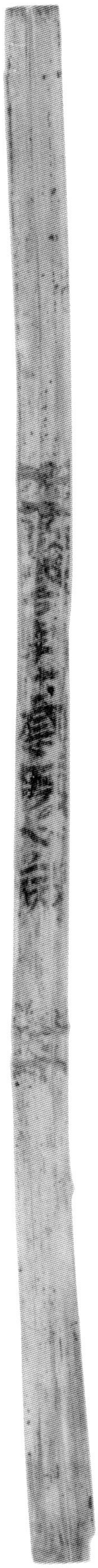
五一〇

五一一

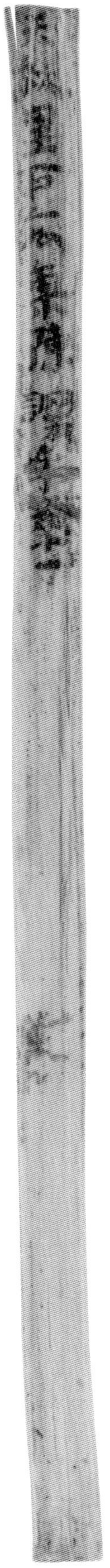
五一二

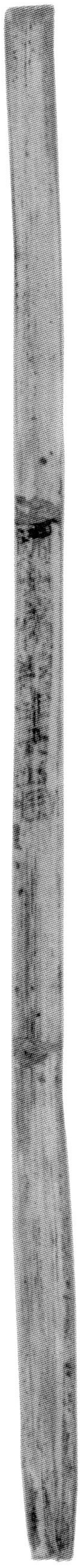
五一三

五一四

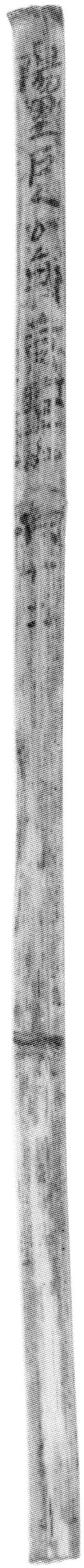
五一五

五一六

五一七

五一八

五一九

五二〇

五二一

五二二

五二三

五二四
五二五
五二六
五二七
五二八
五二九
五三〇
五三一

五三二
五三三
五三四
五三五
五三六
五三七
五三八
五三九

五四〇　五四一　五四二　五四三　五四四　五四五　五四六　五四七

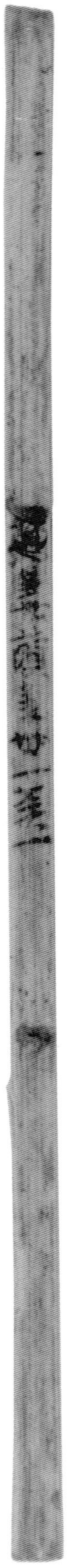
五四八

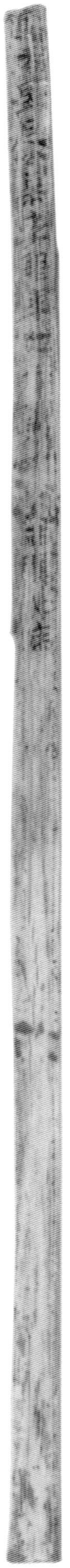
五四九

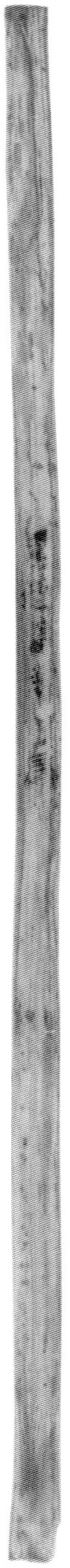
五五〇

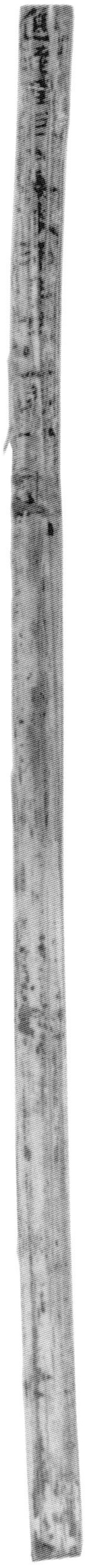
五五一

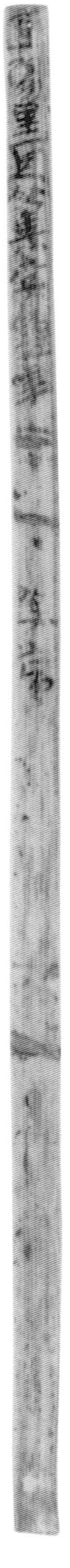
五五二

五五三

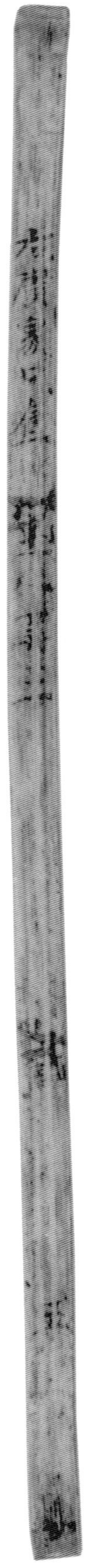
五五四

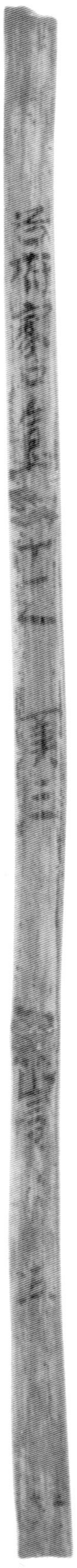
五五五

五五六

五五七

五五八

五五九

五六〇

五六一

五六二

五六三

五六四

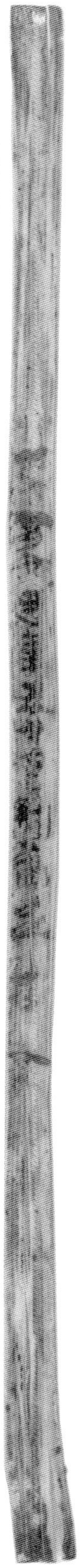

五六五

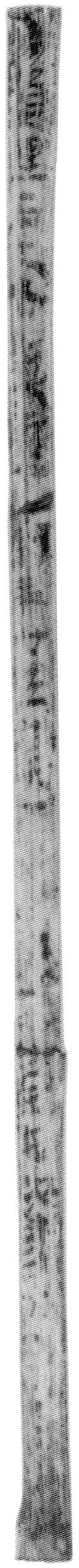

五六六

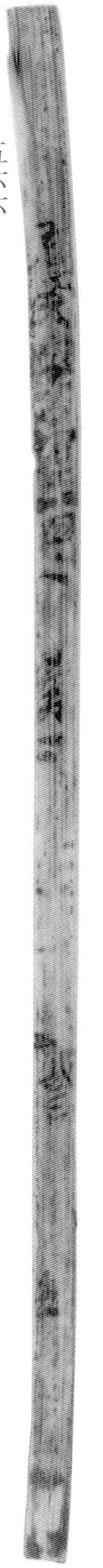

五六七

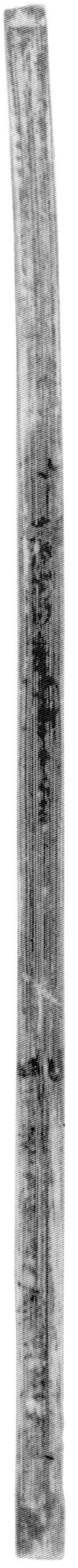

五六八

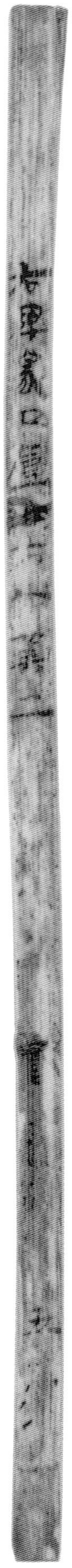

五六九

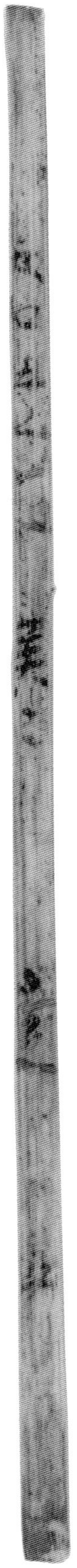

五七〇

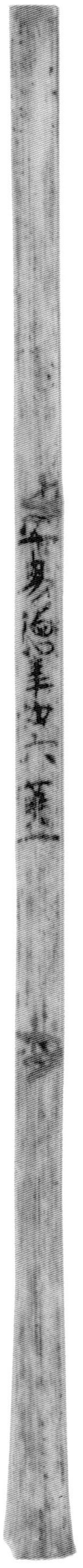

五七一

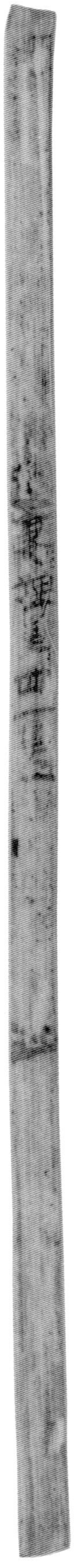

五七二 五七三 五七四 五七五 五七六 五七七 五七八 五七九

五八〇 五八一 五八二 五八三 五八四 五八五 五八六 五八七

五八八

五八九

五九〇

五九一

五九二

五九三

五九四

五九五

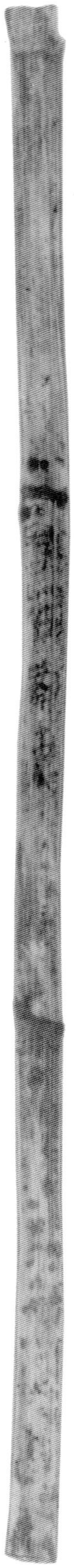

五九六

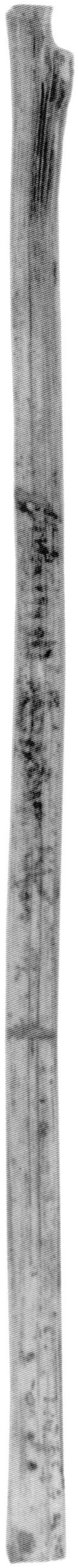

五九七

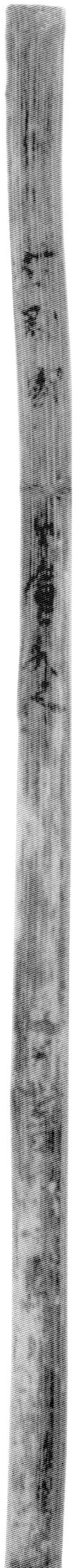

五九八

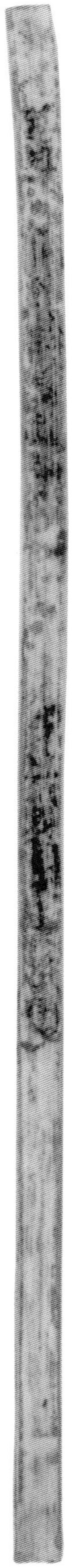

五九九

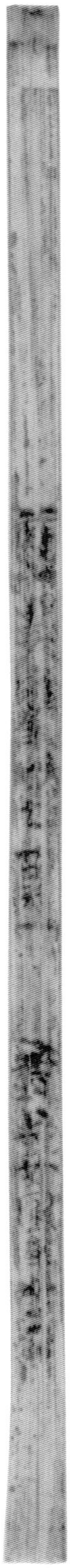

六〇〇

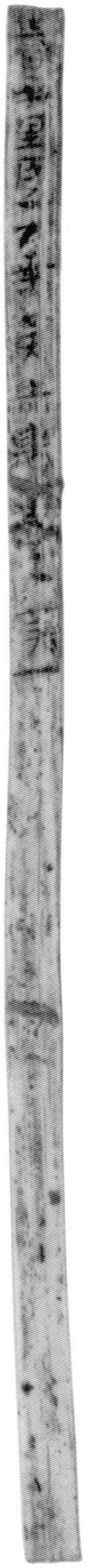

六〇一

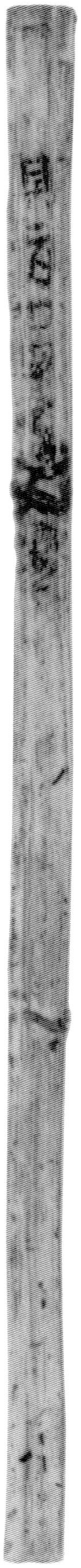

六〇二

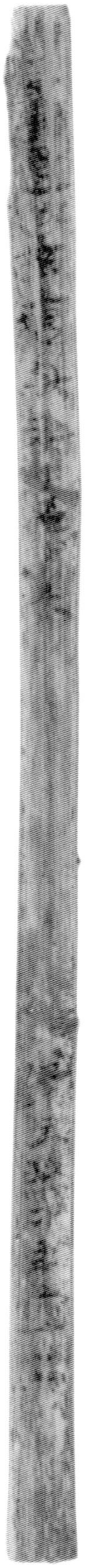

六〇三

六〇四　六〇五　六〇六　六〇七　六〇八　六〇九　六一〇　六一一

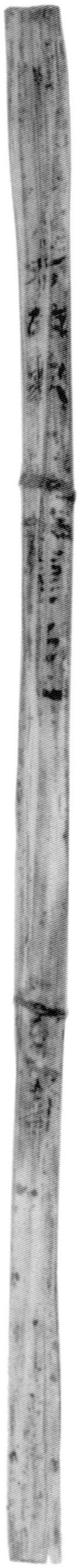

六一二

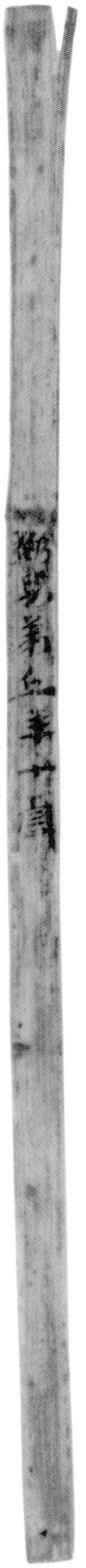

六一三

六一四

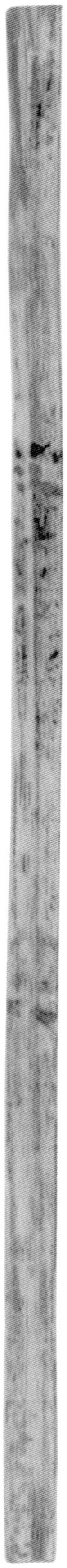

六一五

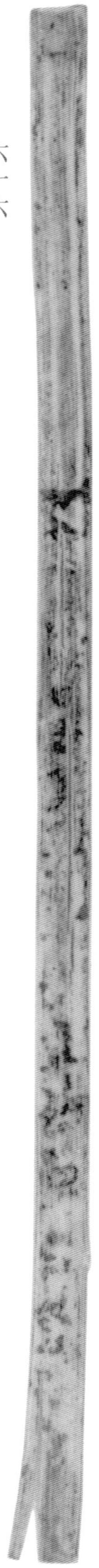

六一六

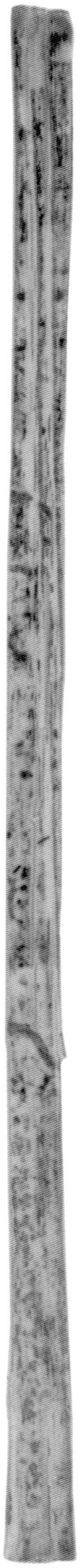

六一七

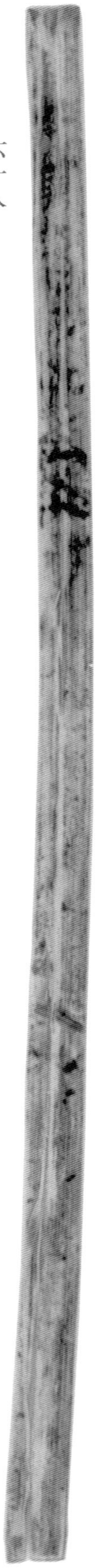

六一八

六一九

六二〇

六二一

六二二

六二三

六二四

六二五

六二六

六二七

六二八
六二九
六三〇
六三一
六三二
六三三
六三四
六三五

六三六 六三七 六三八 六三九 六四〇 六四一 六四二 六四三

六四四 六四五 六四六甲 六四六乙 六四七 六四八 六四九 六五〇 六五一

六五二　六五三　六五四　六五五　六五六　六五七　六五八　六五九

六六〇

六六一

六六二

六六三

六六四

六六五

六六六

六六七

六六八

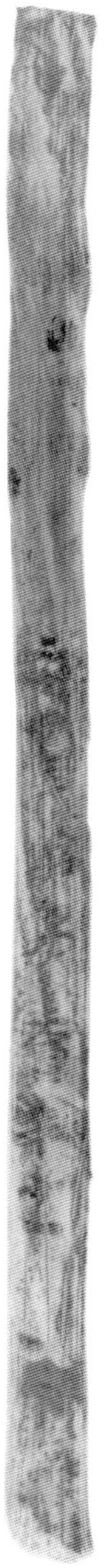

六六九

六七〇

六七一

六七二

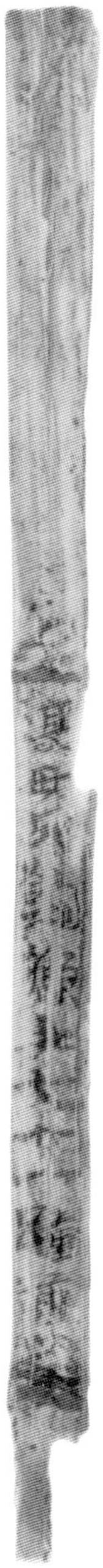

六七三

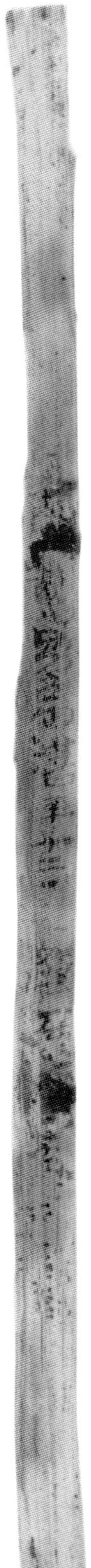

六七四

六七五

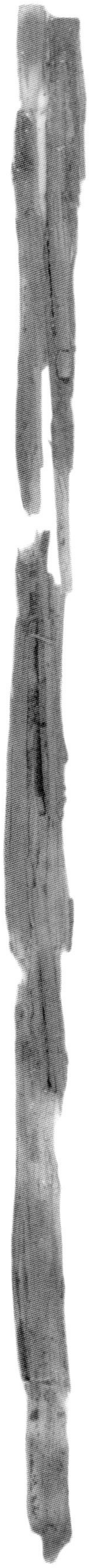

六七六
六七七
六七八
六七九
六八〇
六八一
六八二
六八三

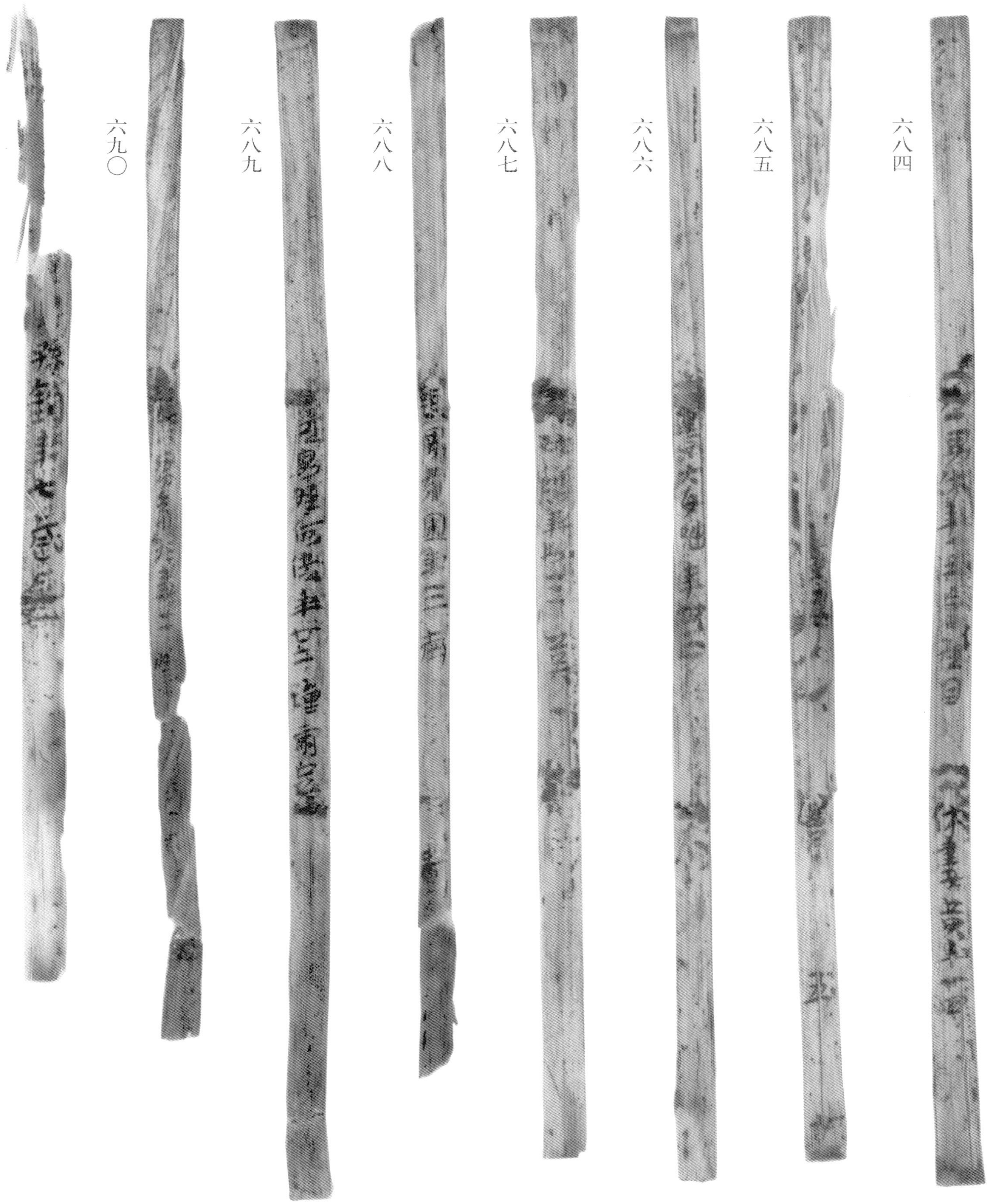

六八四

六八五

六八六

六八七

六八八

六八九

六九〇

六九一

六九二

六九三

六九四

六九五

六九六

六九七

六九八

六九九

七〇〇

七〇一

七〇二

七〇三

七〇四

七〇五

七〇六

七〇七

七〇八

七〇九

七一〇

七一一

七一二

七一三

七一四

七一五

七一六 七一七 七一八 七一九 七二〇 七二一 七二二 七二三

七二四

七二五

七二六

七二七

七二八

七二九

七三〇

七三一

七三二

七三三

七三四

七三五

七三六

七三七

七三八

七三九

七四〇
七四一
七四二
七四三
七四四
七四五
七四六
七四七

七四八

七四九

七五〇

七五一

七五二

七五三

七五四

七五五

七五六

七五七

七五八

七五九

七六〇

七六一

七六二

七六三

七六四 七六五 七六六 七六七 七六八 七六九 七七〇 七七一

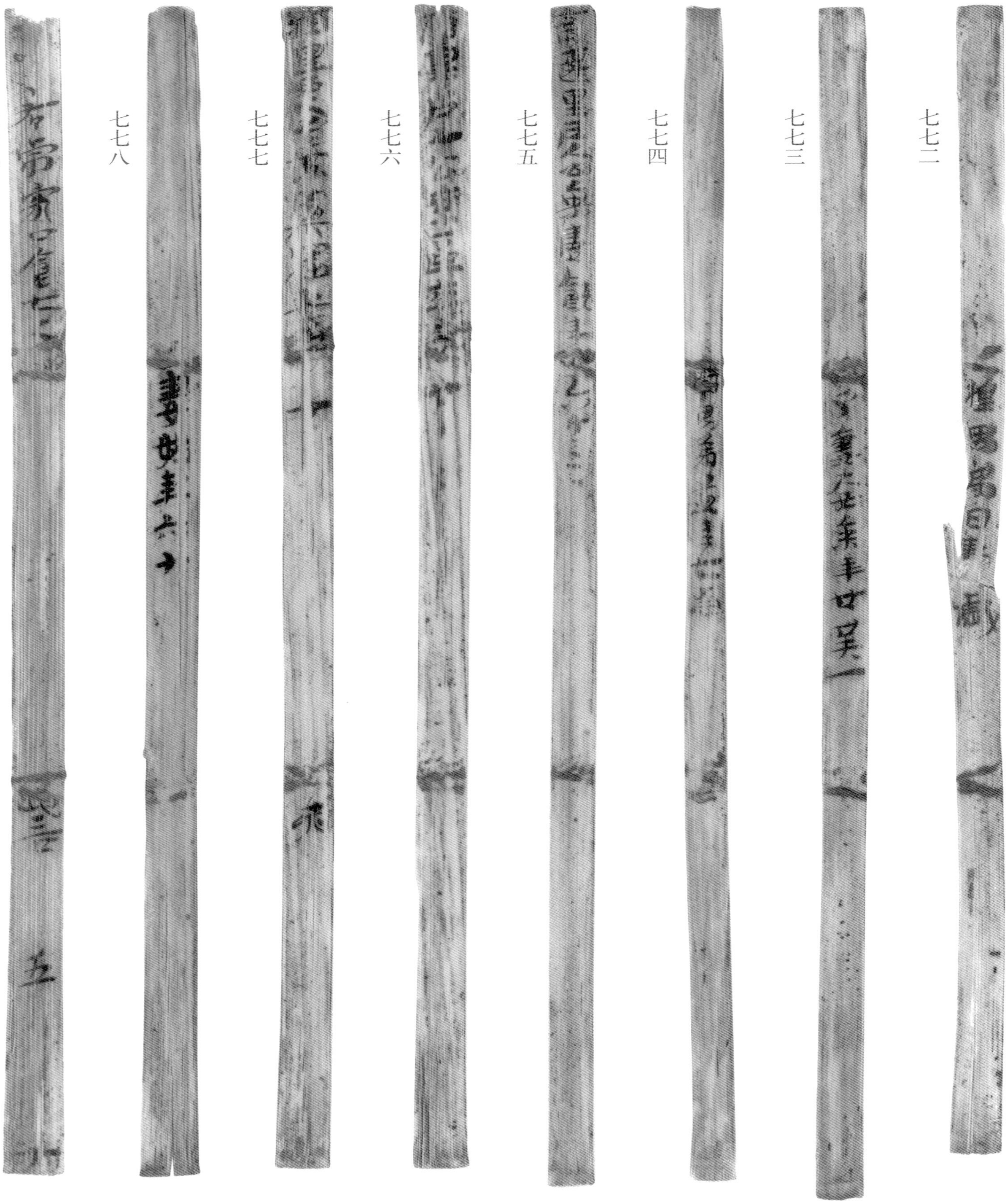

七七二

七七三

七七四

七七五

七七六

七七七

七七八

七七九

七八〇 七八一 七八二 七八三 七八四 七八五 七八六 七八七

七八八　七八九　七九〇　七九一　七九二　七九三　七九四　七九五

七九六
七九七
七九八
七九九
八〇〇
八〇一
八〇二
八〇三

八〇四 八〇五 八〇六 八〇七 八〇八 八〇九 八一〇 八一一

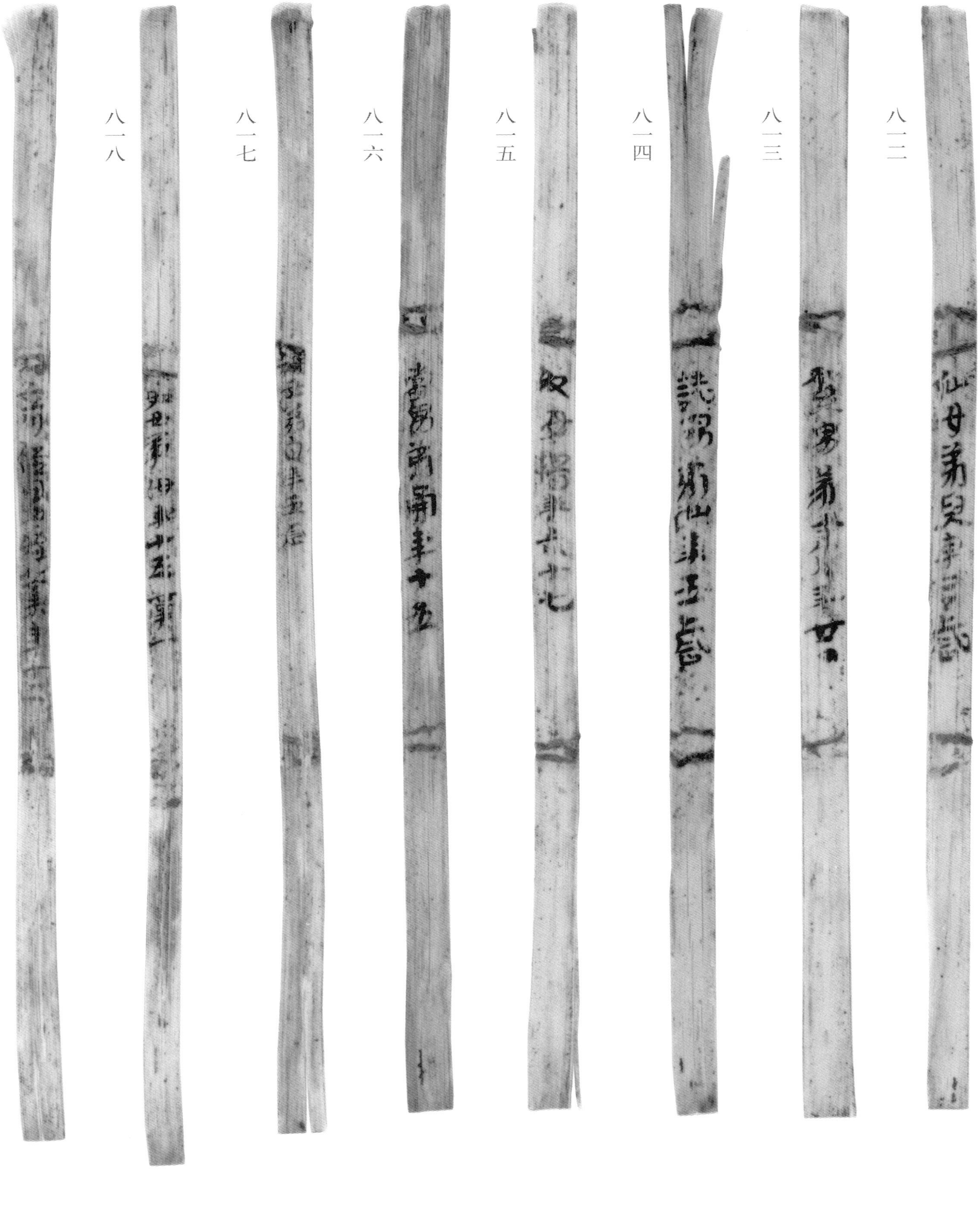

八一二 八一三 八一四 八一五 八一六 八一七 八一八 八一九

八二〇
八二一
八二二
八二三
八二四
八二五
八二六
八二七

八二八

八二九

八三〇

八三一

八三二

八三三

八三四

八三五

八三六 八三七 八三八 八三九 八四〇 八四一 八四二 八四三

八四四

八四五

八四六

八四七

八四八

八四九

八五〇

八五一

八五二

八五三

八五四

八五五

八五六

八五七

八五八

八五九

八六〇　八六一　八六二　八六三　八六四　八六五　八六六　八六七

八六八

八六九

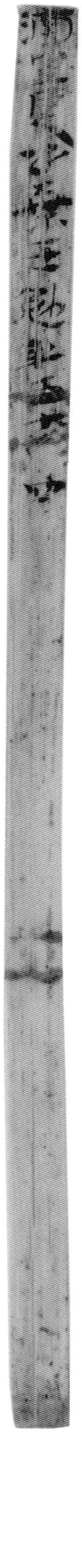

八七〇

八七一

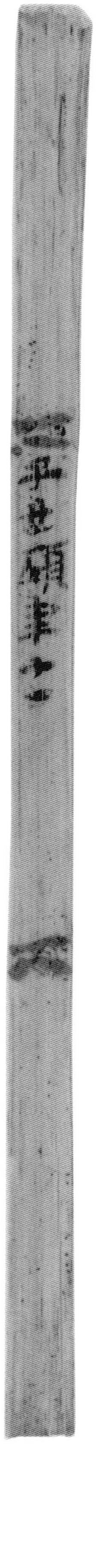

八七二

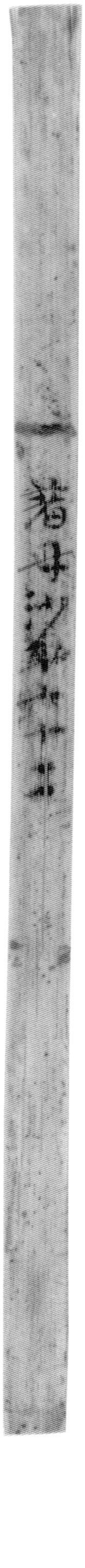

八七三

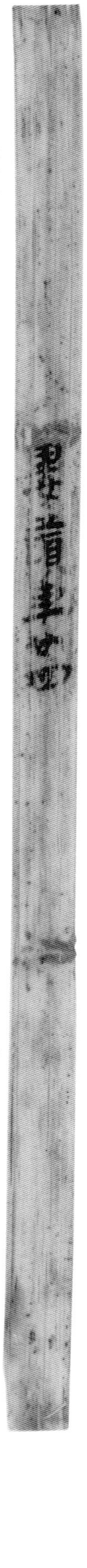

八七四

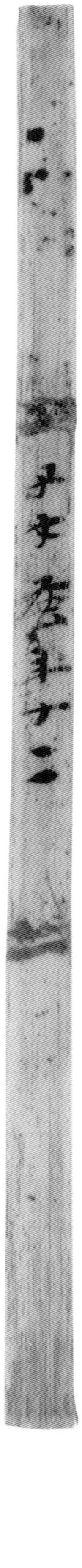

八七五

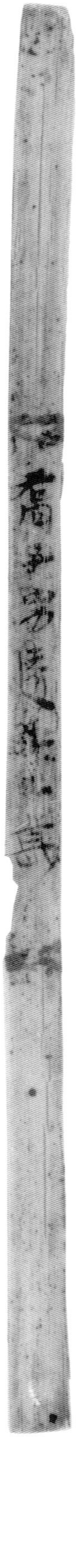

八七六

八七七

八七八

八七九

八八〇

八八一

八八二

八八三

八八四

八八五

八八六

八八七

八八八

八八九

八九〇

八九一

八九二

八九三

八九四

八九五

八九六

八九七

八九八

八九九

九〇〇

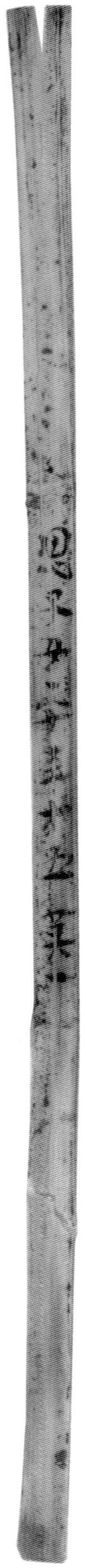

九〇一

九〇二

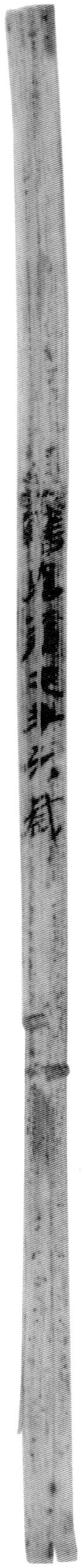

九〇三

九〇四

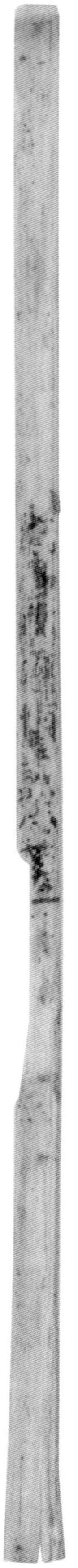

九〇五

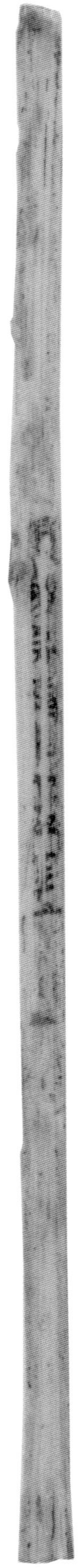

九〇六

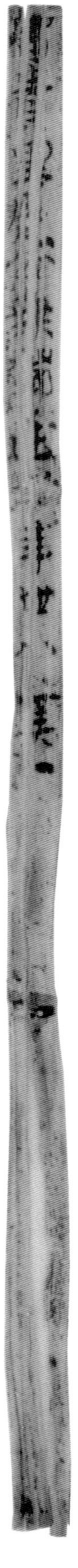

九〇七

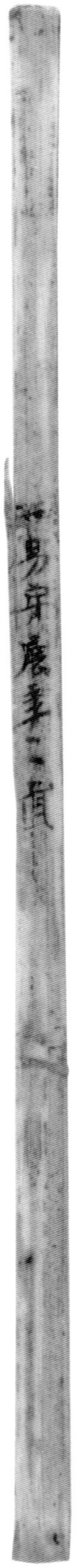

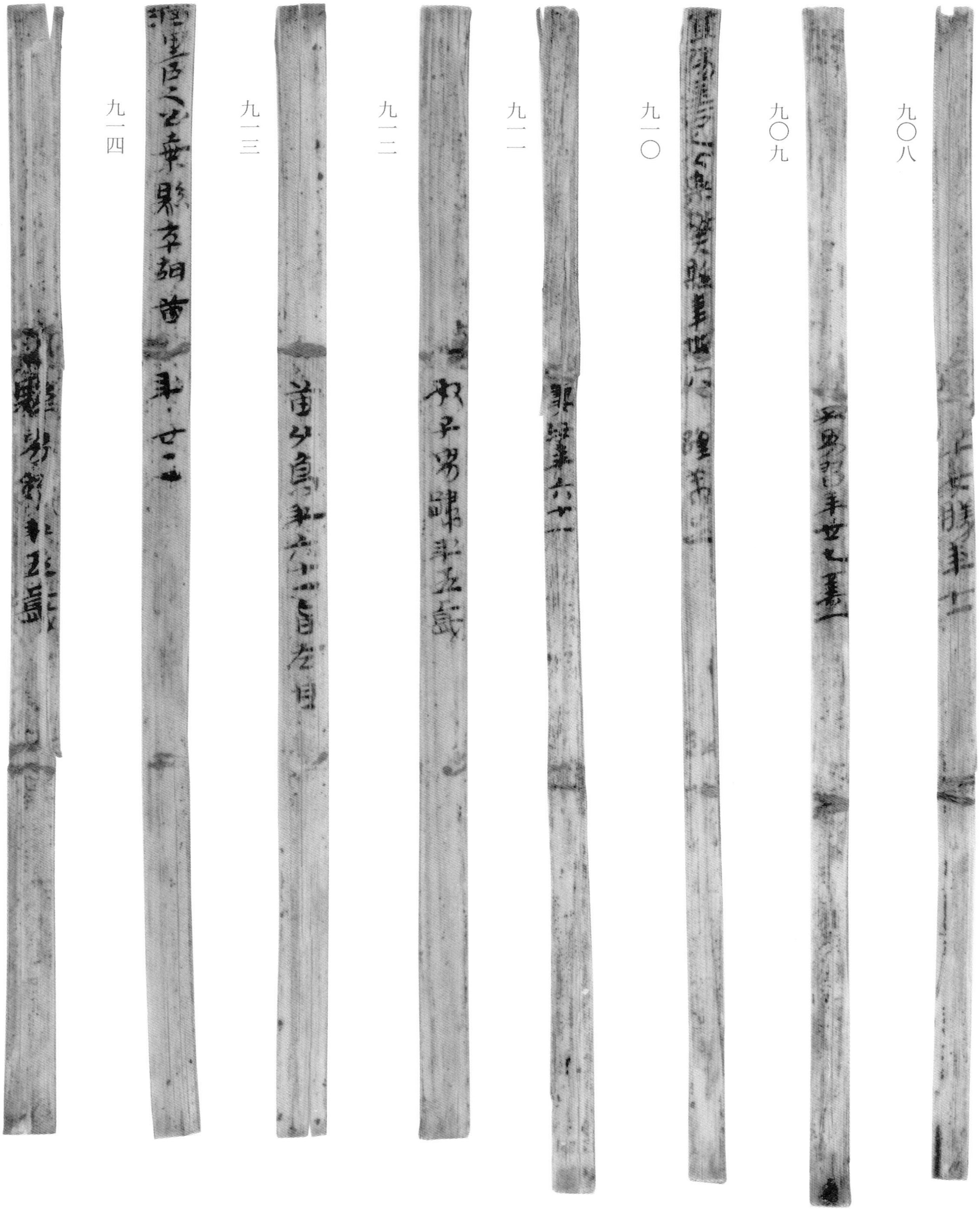

九〇八

九〇九

九一〇

九一一

九一二

九一三

九一四

九一五

九一六 九一七 九一八 九一九 九二〇 九二一 九二二 九二三

九二四

九二五

九二六

九二七

九二八

九二九

九三〇

九三一

九三二

九三三

九三四

九三五

九三六

九三七

九三八

九三九

九四〇　九四一　九四二　九四三　九四四　九四五　九四六　九四七

九四八
九四九
九五〇
九五一
九五二
九五三
九五四
九五五

九五六

九五七

九五八

九五九

九六〇

九六一

九六二

九六三

九六四

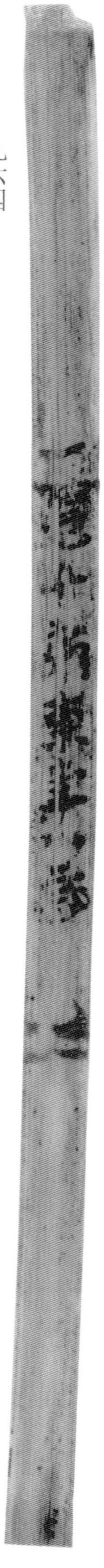

九六五

九六六

九六七

九六八

九六九

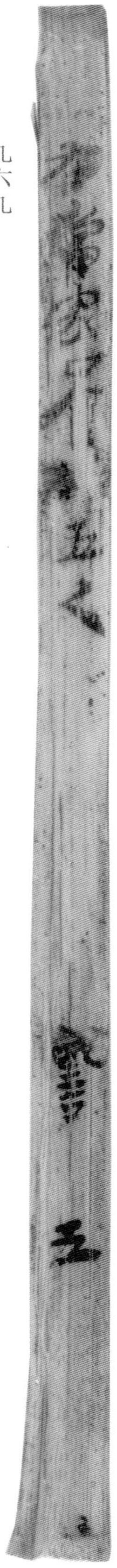

九七〇

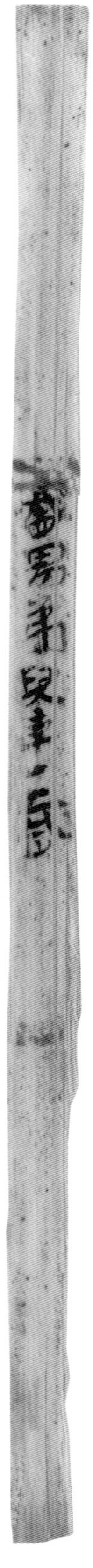

九七一

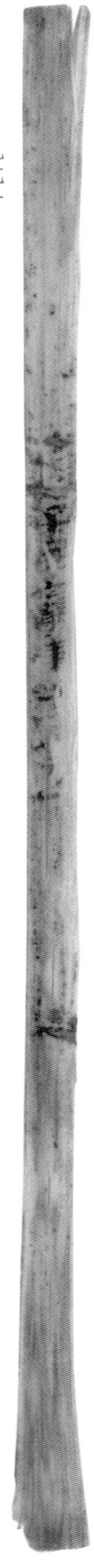

九七二

九七三

九七四

九七五

九七六

九七七

九七八

九七九

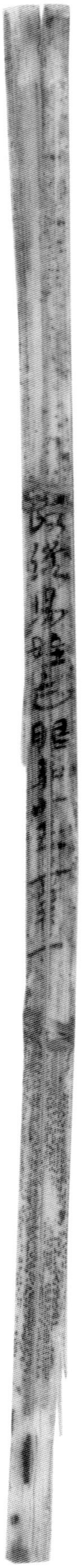
九八〇

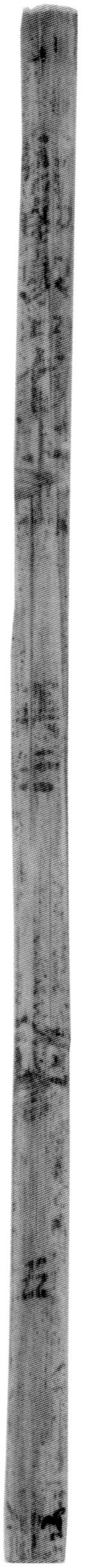
九八一

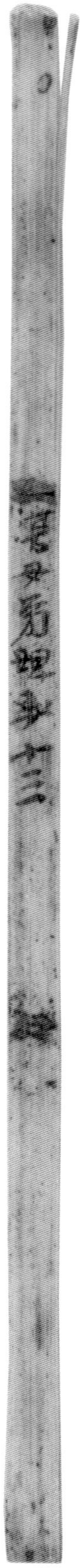
九八二

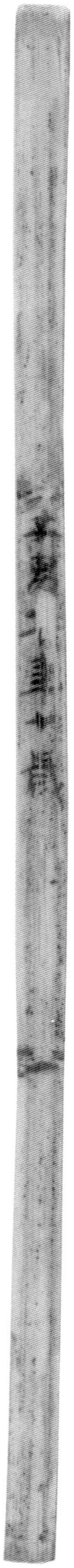
九八三

九八四

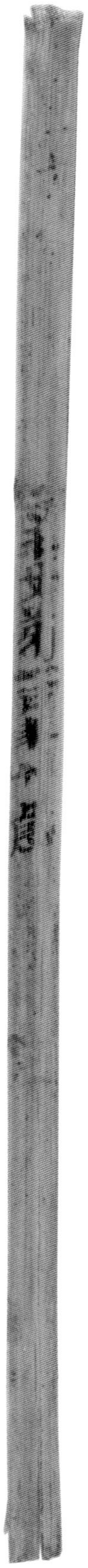
九八五

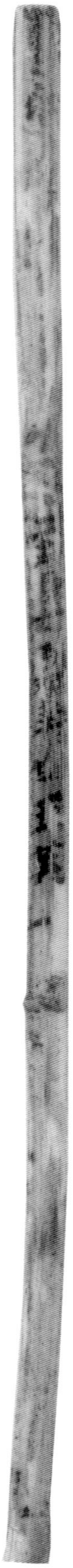
九八六

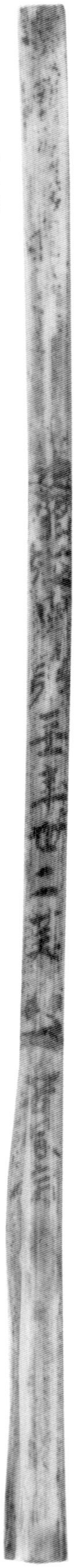
九八七

九八八

九八九

九九〇

九九一

九九二

九九三

九九四

九九五

九九六

九九七

九九八

九九九

一〇〇〇

一〇〇一

一〇〇二

一〇〇三

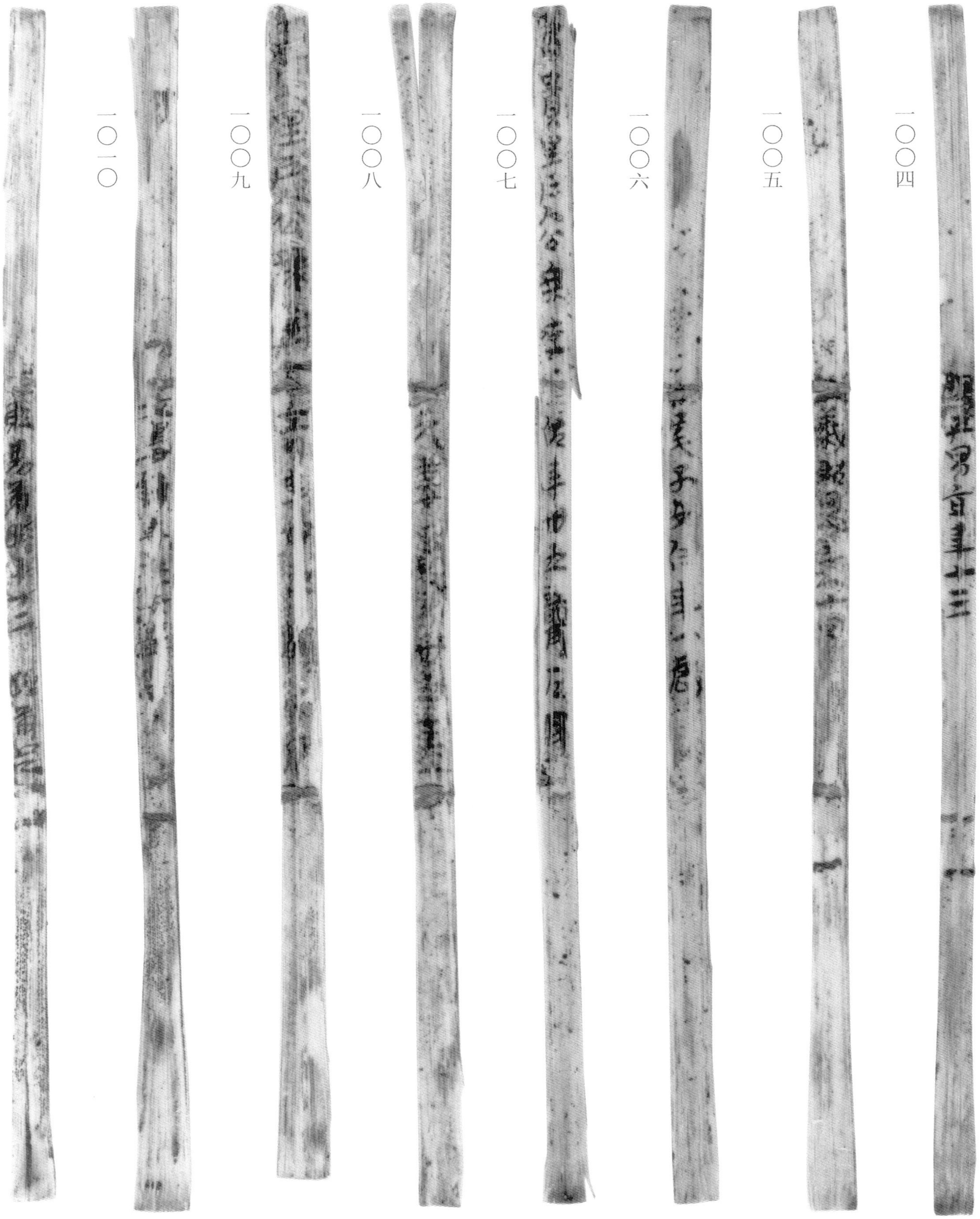

一〇〇四
一〇〇五
一〇〇六
一〇〇七
一〇〇八
一〇〇九
一〇一〇
一〇一一

一〇一二

一〇一三

一〇一四

一〇一五

一〇一六

一〇一七

一〇一八

一〇一九

一〇二〇

一〇二一

一〇二二

一〇二三

一〇二四

一〇二五

一〇二六

一〇二七

一〇二八

一〇二九

一〇三〇

一〇三一

一〇三二

一〇三三

一〇三四

一〇三五

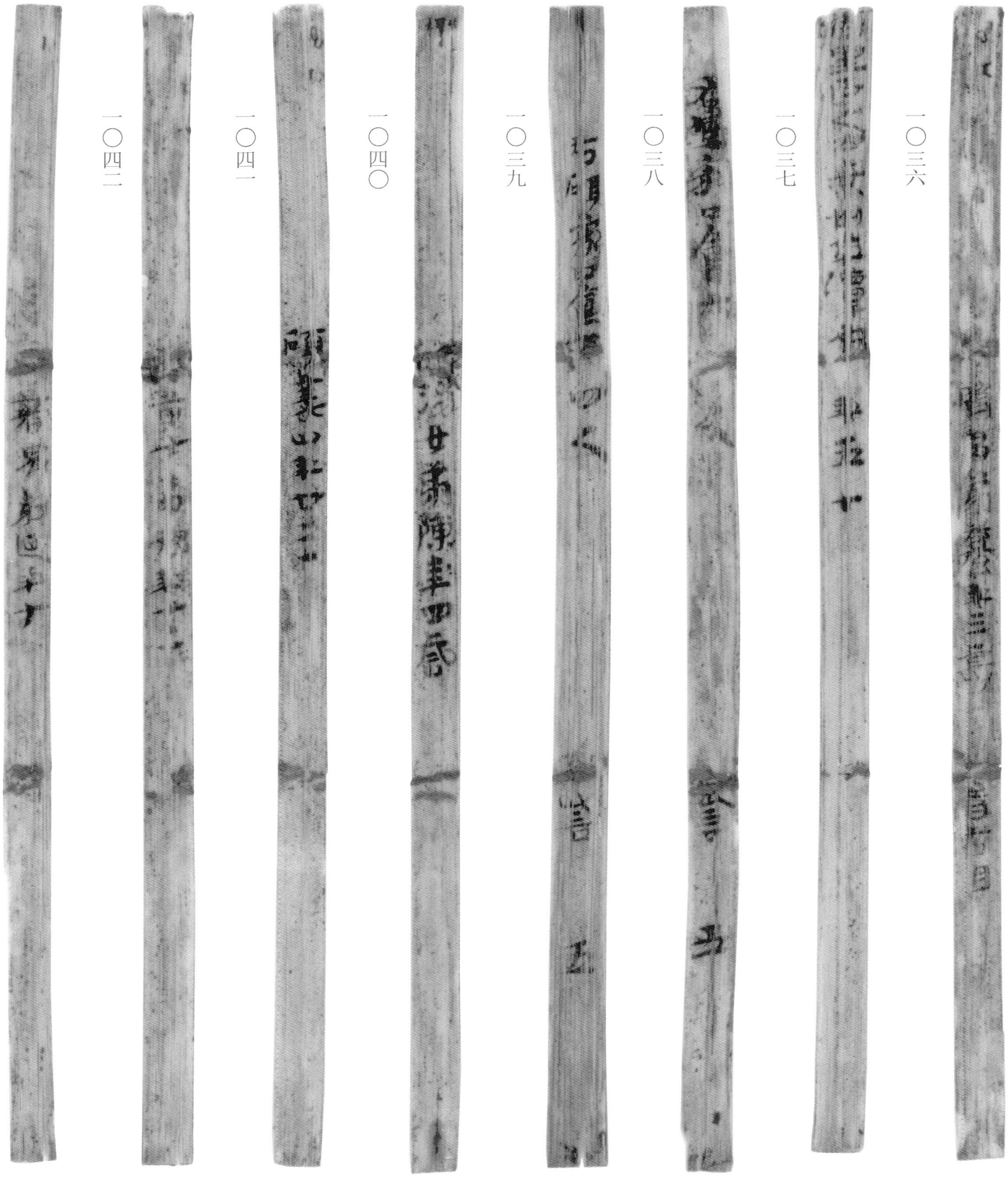

一〇三六 一〇三七 一〇三八 一〇三九 一〇四〇 一〇四一 一〇四二 一〇四三

一〇四四

一〇四五

一〇四六

一〇四七

一〇四八

一〇四九

一〇五〇

一〇五一

一〇五二　一〇五三　一〇五四　一〇五五　一〇五六　一〇五七　一〇五八　一〇五九

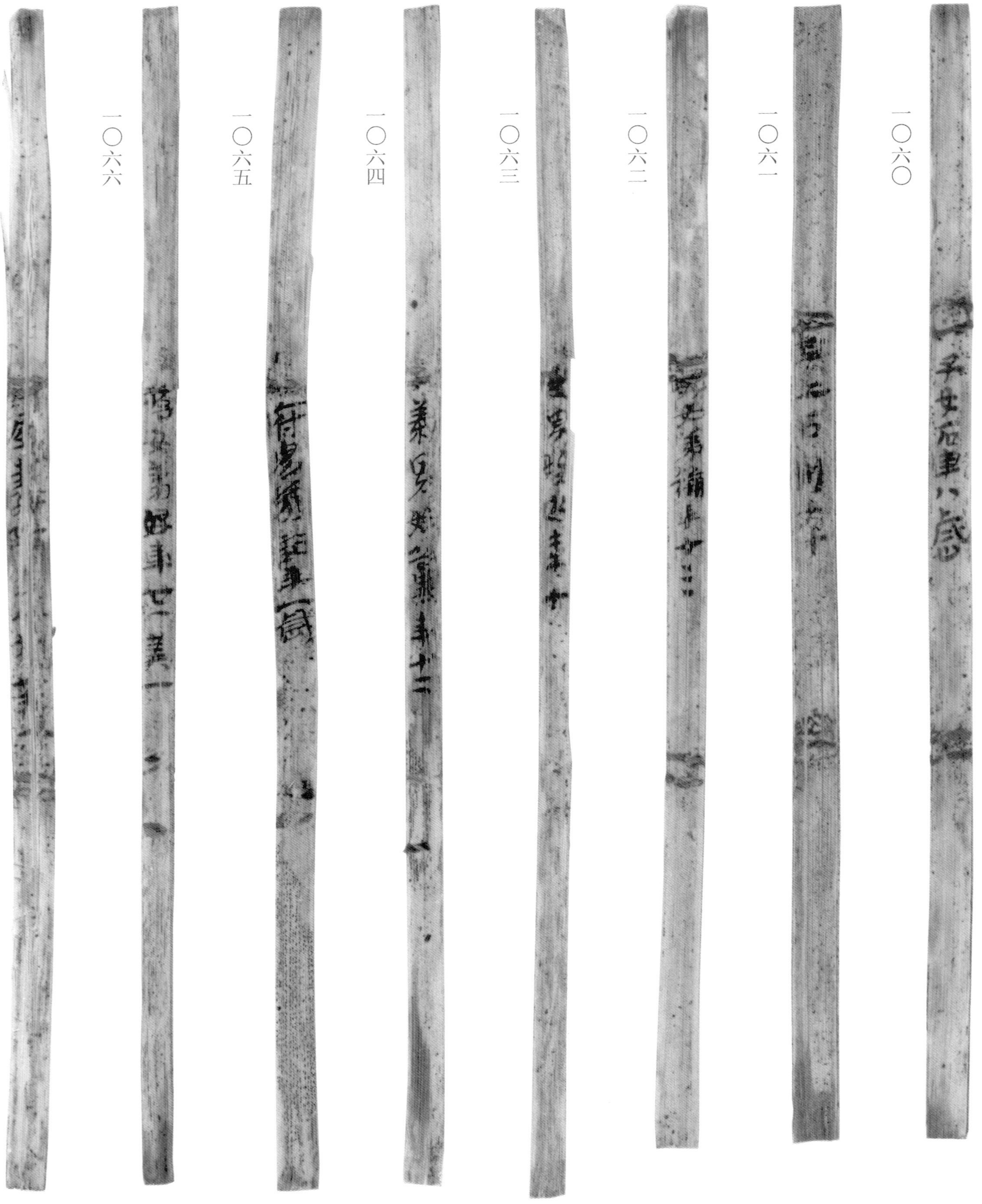

一〇六〇

一〇六一

一〇六二

一〇六三

一〇六四

一〇六五

一〇六六

一〇六七

一〇六八 一〇六九 一〇七〇 一〇七一 一〇七二 一〇七三 一〇七四 一〇七五

一〇七六
一〇七七
一〇七八
一〇七九
一〇八〇
一〇八一
一〇八二
一〇八三

一〇八四

一〇八五

一〇八六

一〇八七

一〇八八

一〇八九

一〇九〇

一〇九一

一〇九二

一〇九三

一〇九四

一〇九五

一〇九六

一〇九七

一〇九八

一〇九九

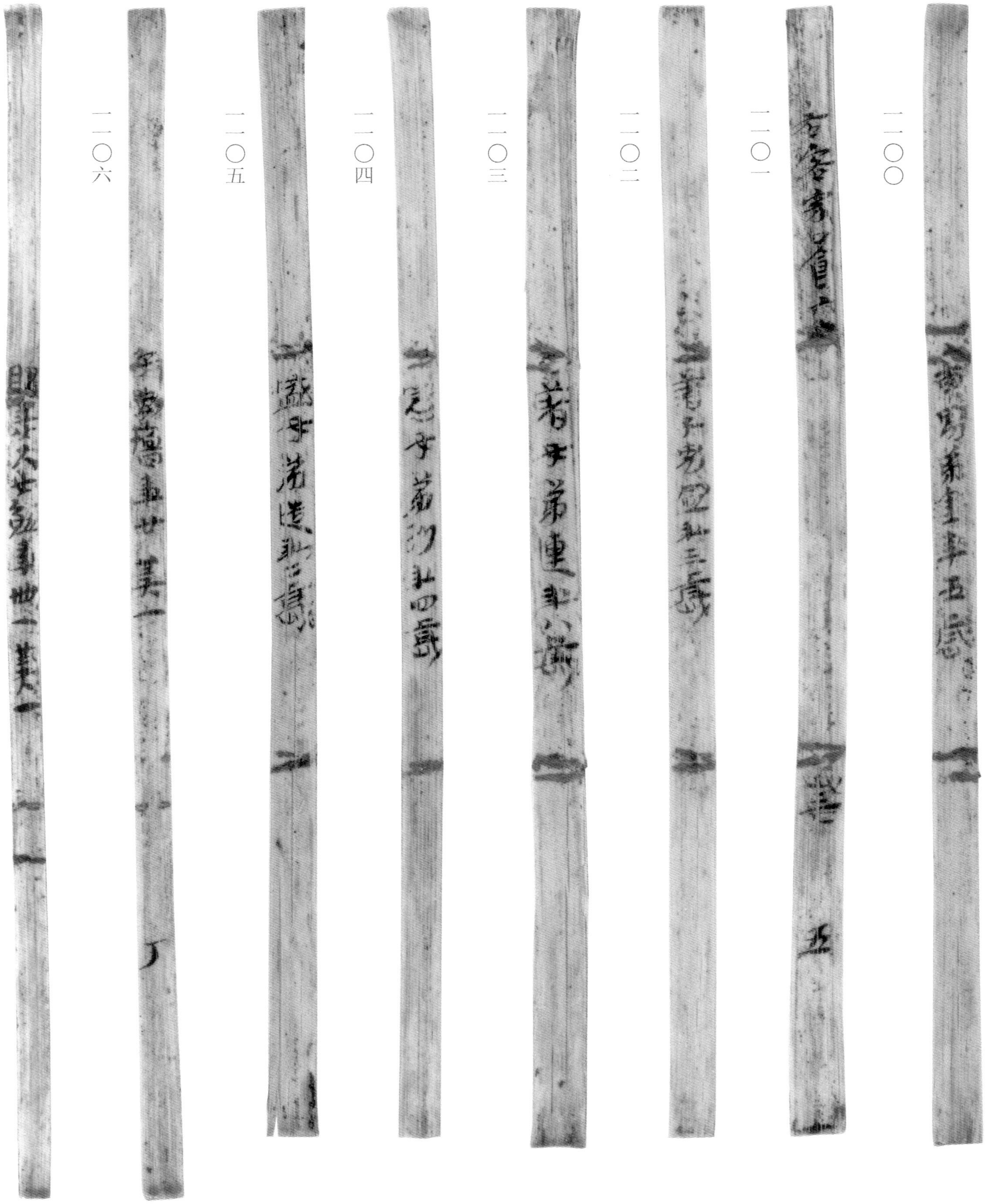

一一〇〇　一一〇一　一一〇二　一一〇三　一一〇四　一一〇五　一一〇六　一一〇七

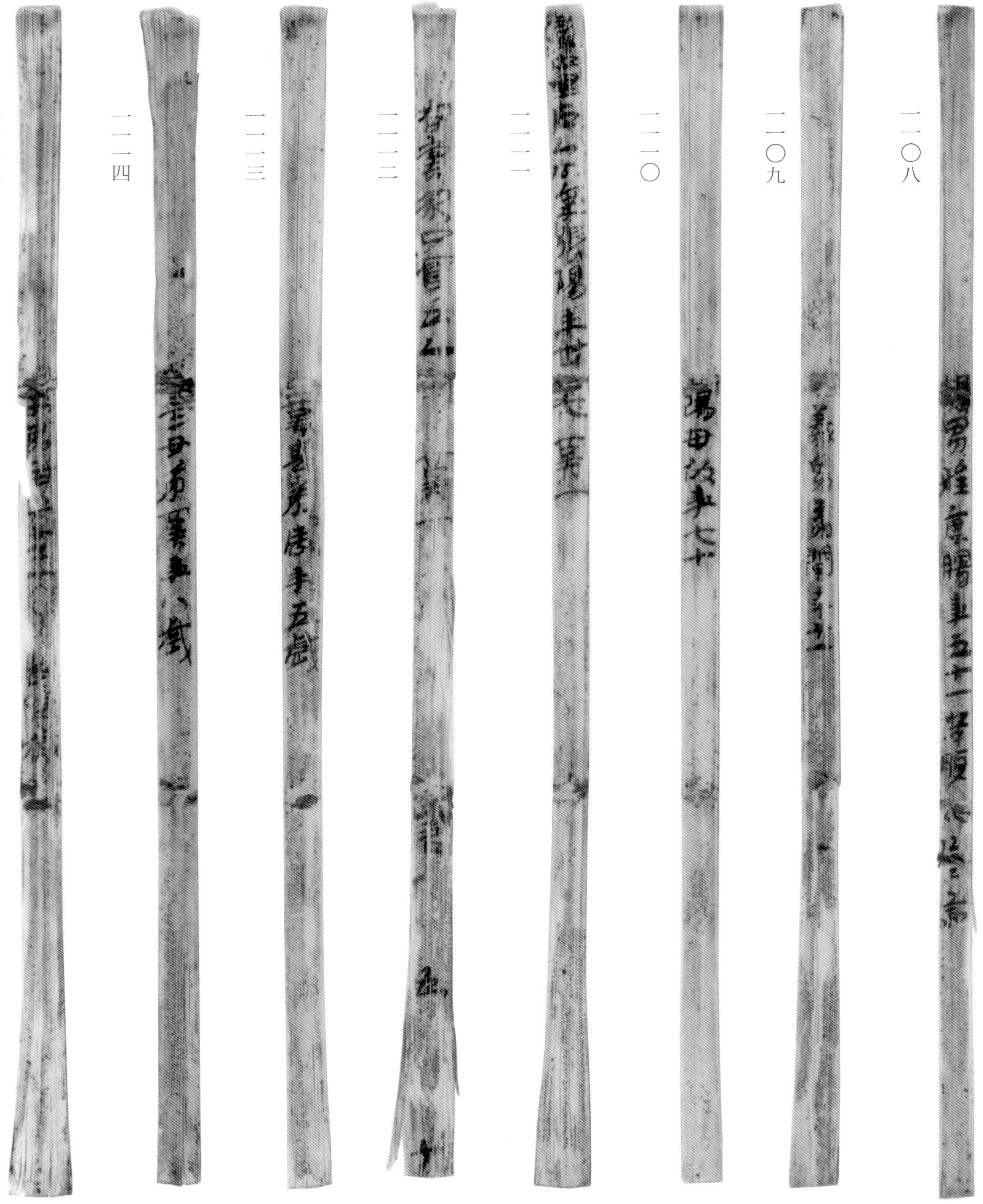

二一〇八

二一〇九

二一一〇

二一一一

二一一二

二一一三

二一一四

二一一五

一一一六

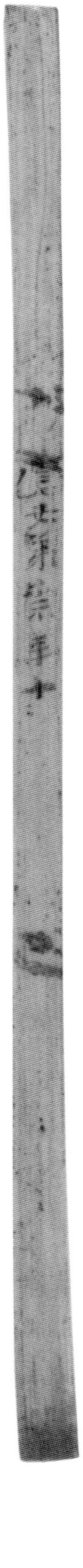

一一一七

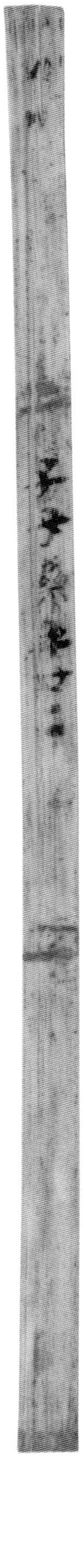

一一一八

一一一九

一一二〇

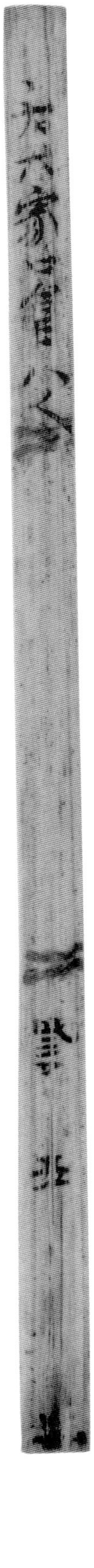

一一二一

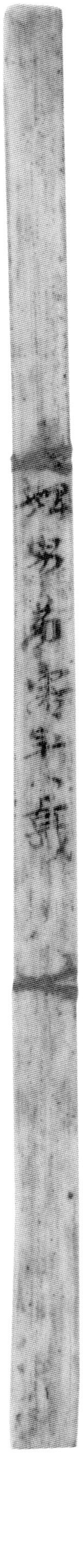

一一二二

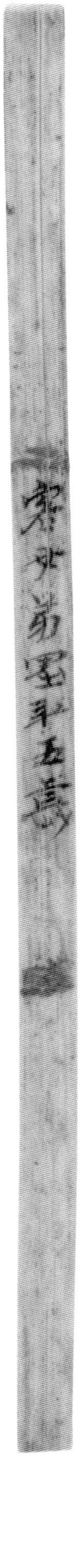

一一二三

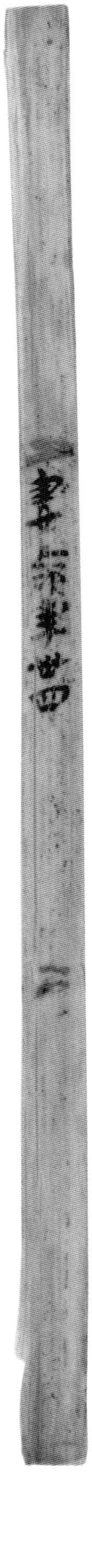

一一二四 一一二五 一一二六 一一二七 一一二八 一一二九 一一三〇 一一三一

一一三二

一一三三

一一三四

一一三五

一一三六

一一三七

一一三八

一一三九

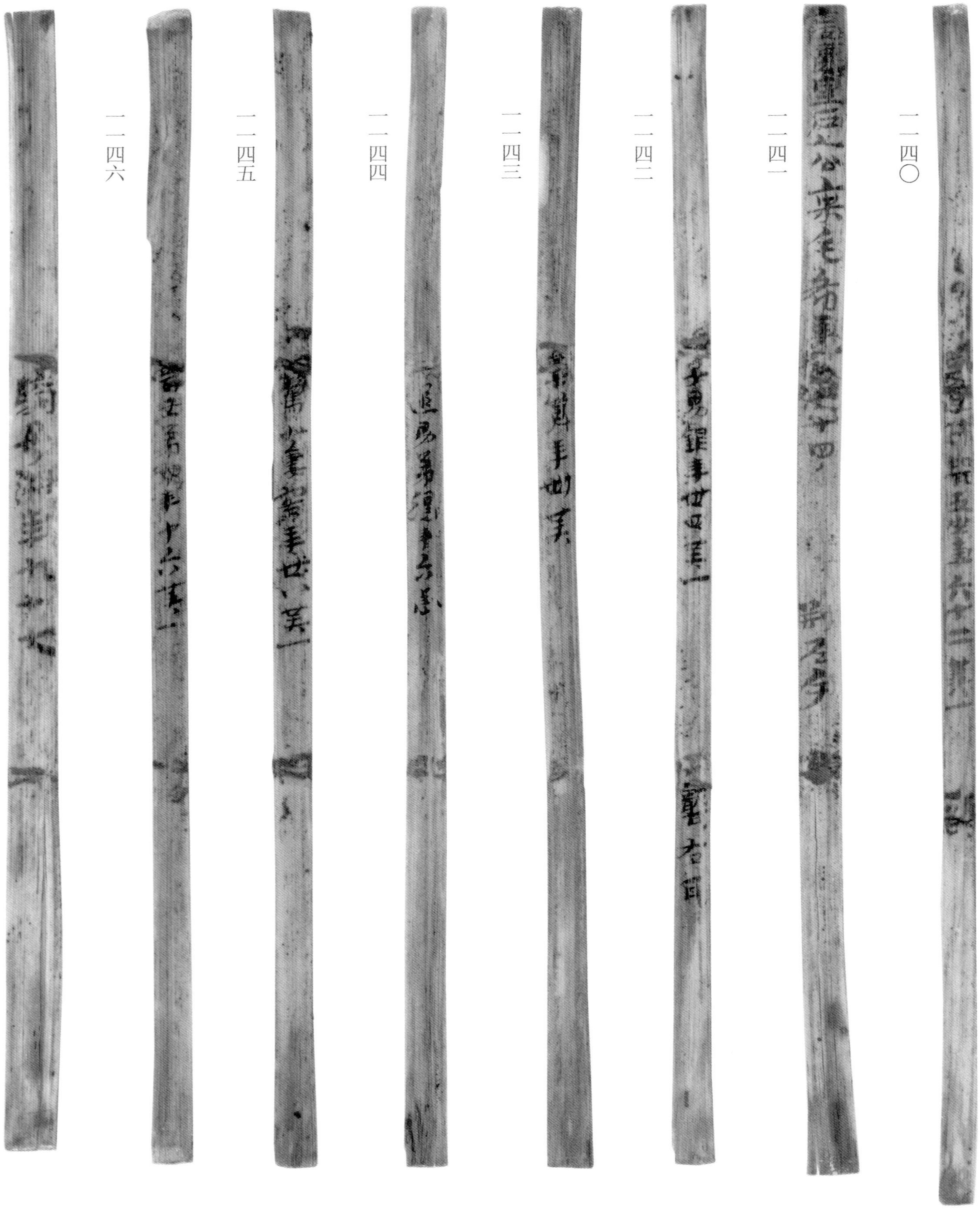

一一四〇

一一四一

一一四二

一一四三

一一四四

一一四五

一一四六

一一四七

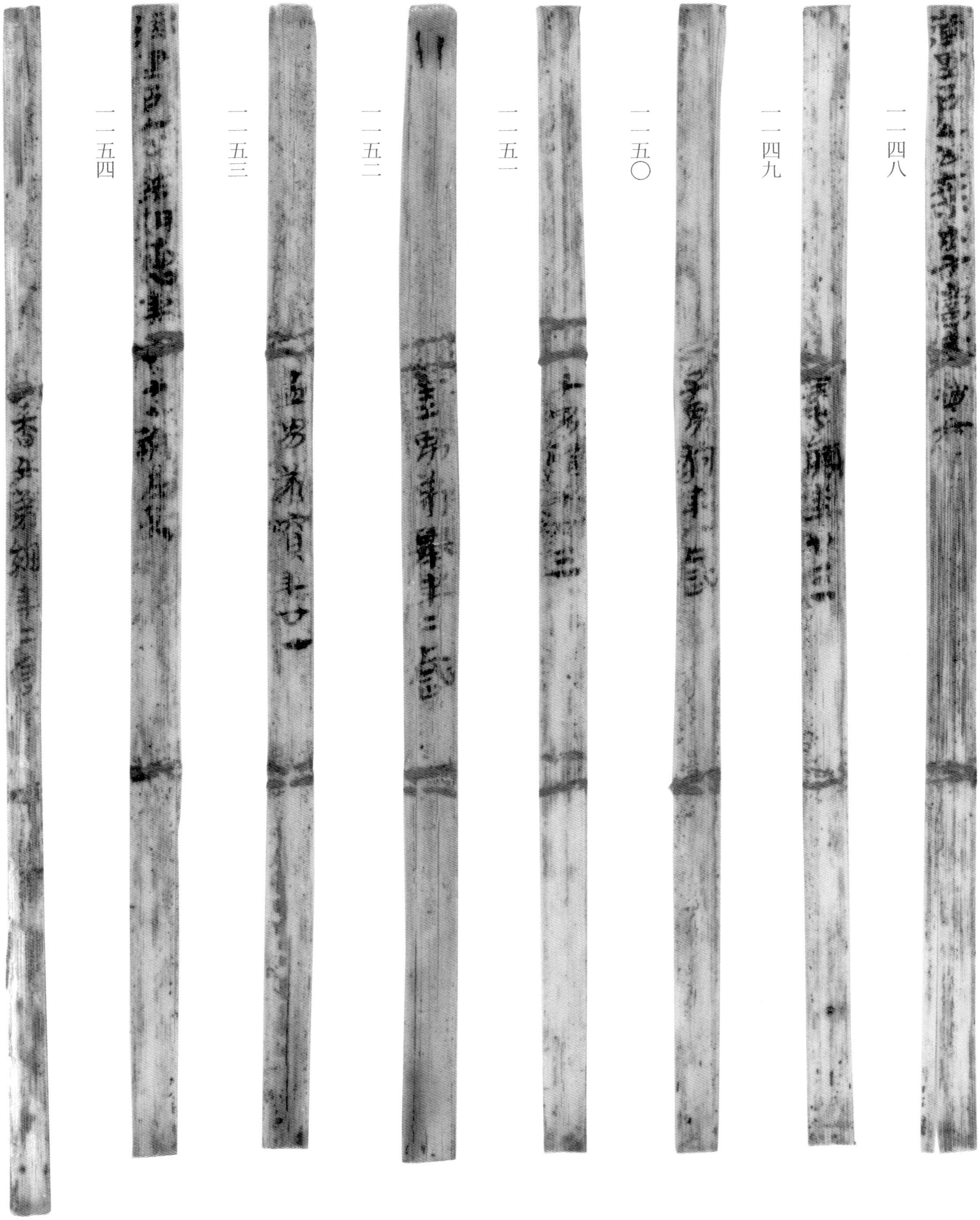

一一四八
一一四九
一一五〇
一一五一
一一五二
一一五三
一一五四
一一五五

一一五六
一一五七
一一五八
一一五九
一一六〇
一一六一
一一六二
一一六三

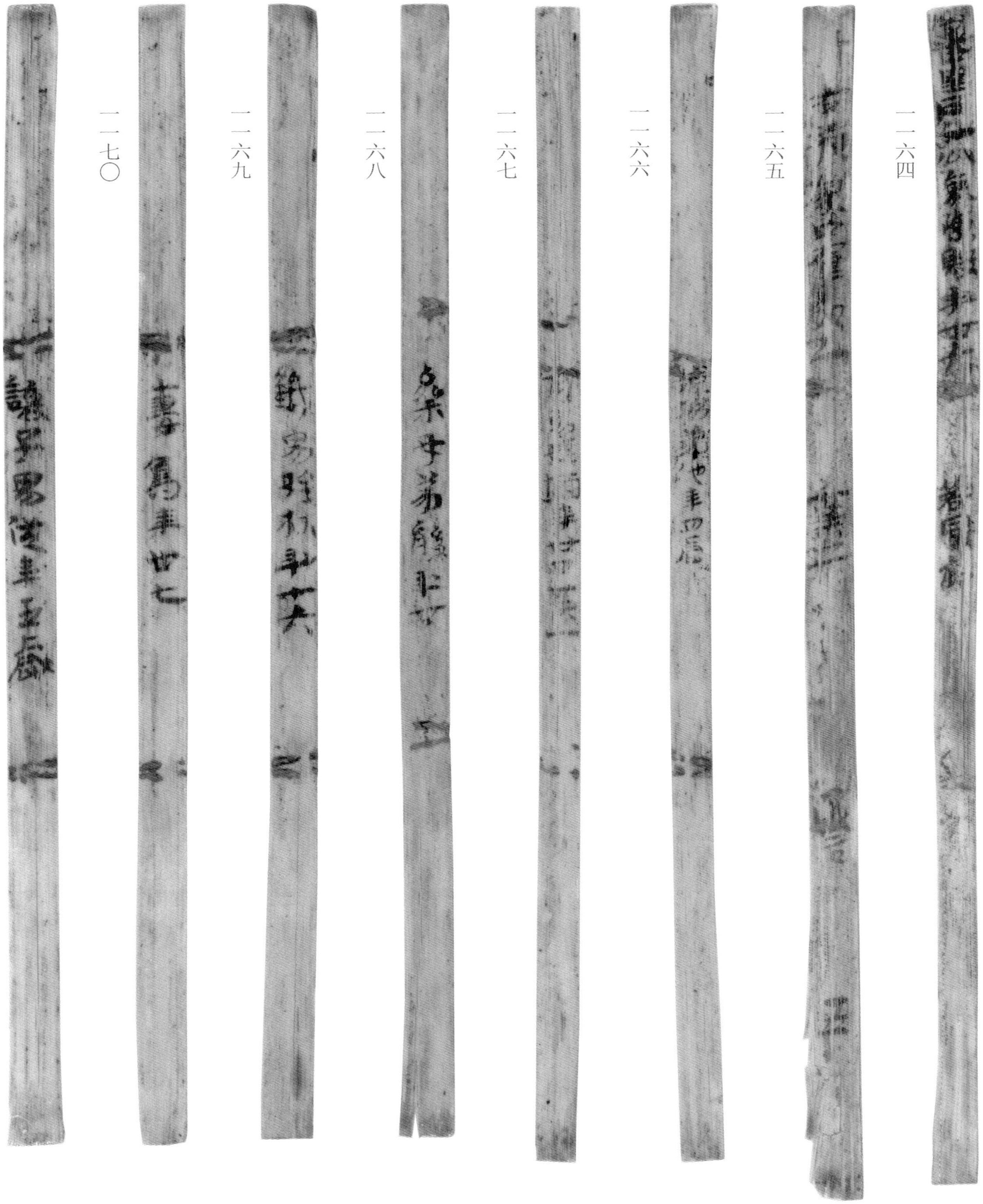

一一六四

一一六五

一一六六

一一六七

一一六八

一一六九

一一七〇

一一七一

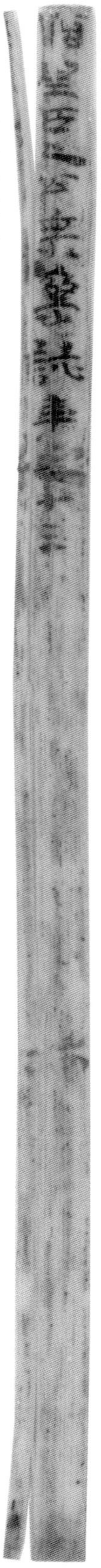
一一七二

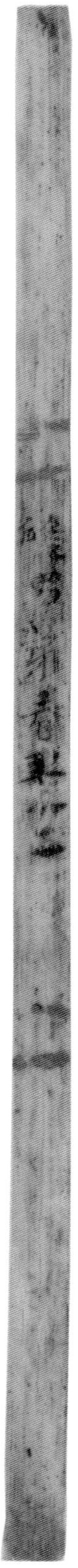
一一七三

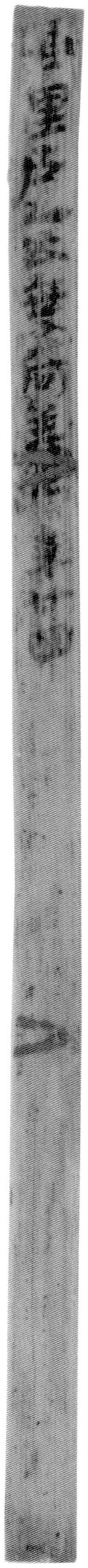
一一七四

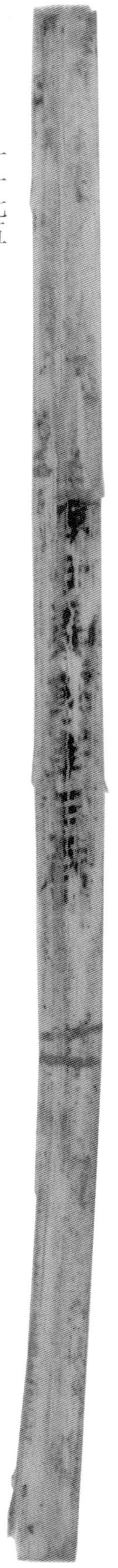
一一七五

一一七六

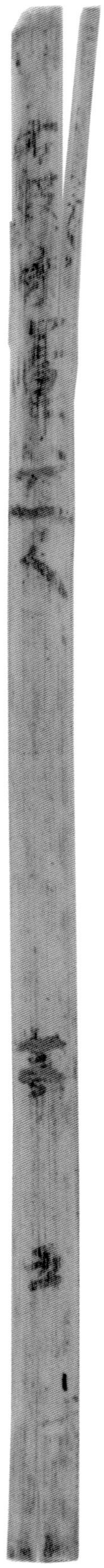
一一七七

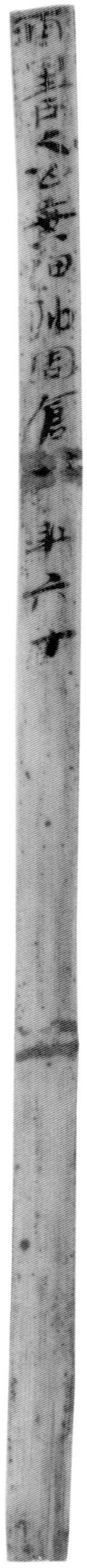
一一七八

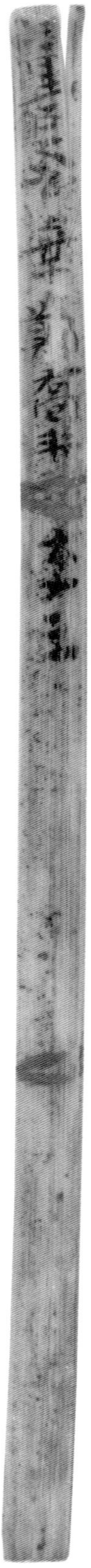
一一七九

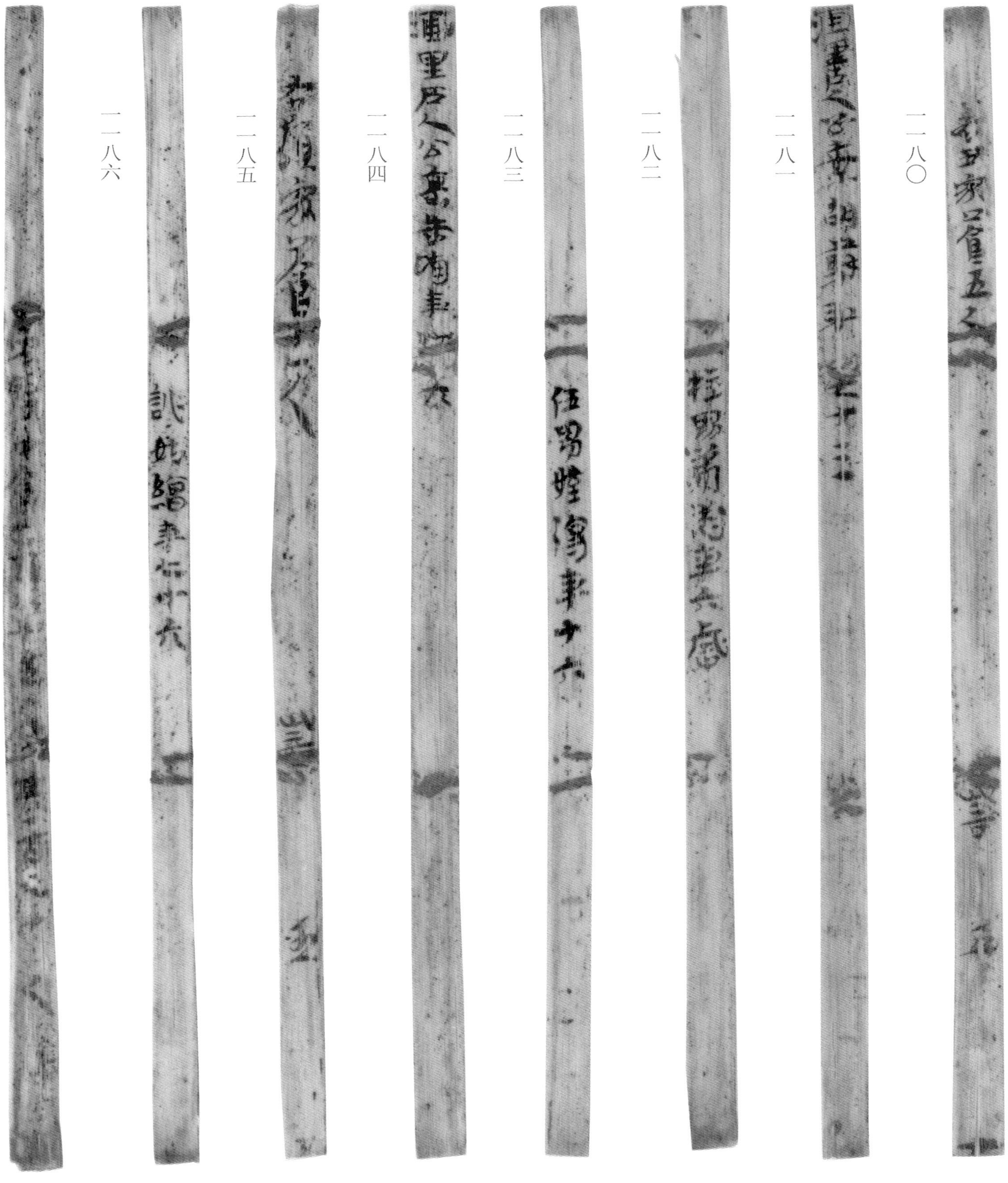

一一八〇

一一八一

一一八二

一一八三

一一八四

一一八五

一一八六

一一八七

一一八八
一一八九
一一九〇
一一九一
一一九二
一一九三
一一九四
一一九五

一一九六 一一九七 一一九八 一一九九 一二〇〇 一二〇一 一二〇二 一二〇三

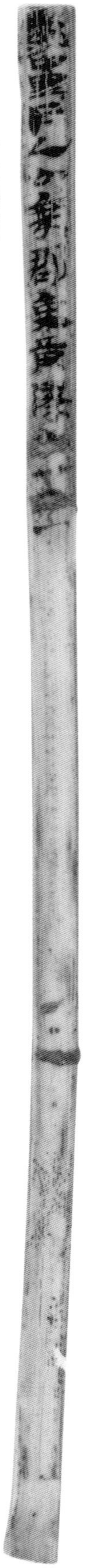

一二〇四

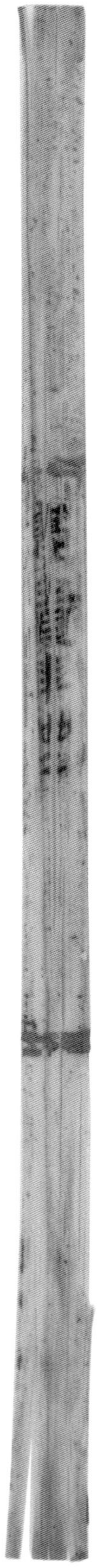

一二〇五

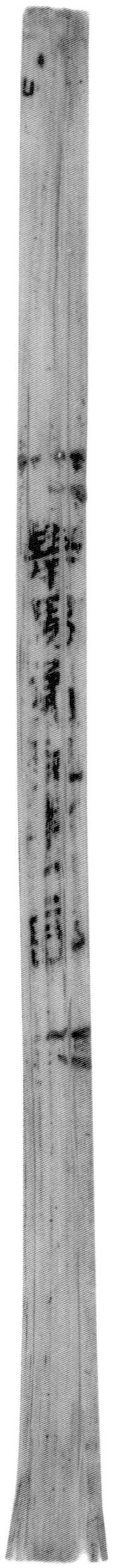

一二〇六

一二〇七

一二〇八

一二〇九

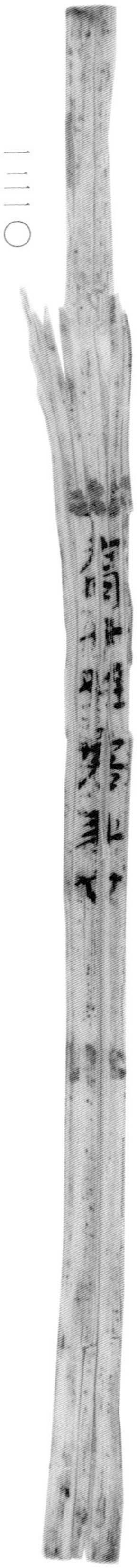

一二一〇

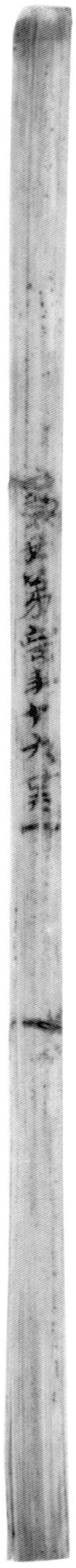

一二一一

一二二二
一二二三
一二二四
一二二五
一二二六
一二二七
一二二八
一二二九

一二二〇 一二二一 一二二二 一二二三 一二二四 一二二五 一二二六 一二二七

一二二二八

一二二二九

一二二三〇

一二二三一

一二二三二

一二二三三

一二二三四

一二二三五

一二三六

一二三七

一二三八

一二三九

一二四〇

一二四一

一二四二

一二四三

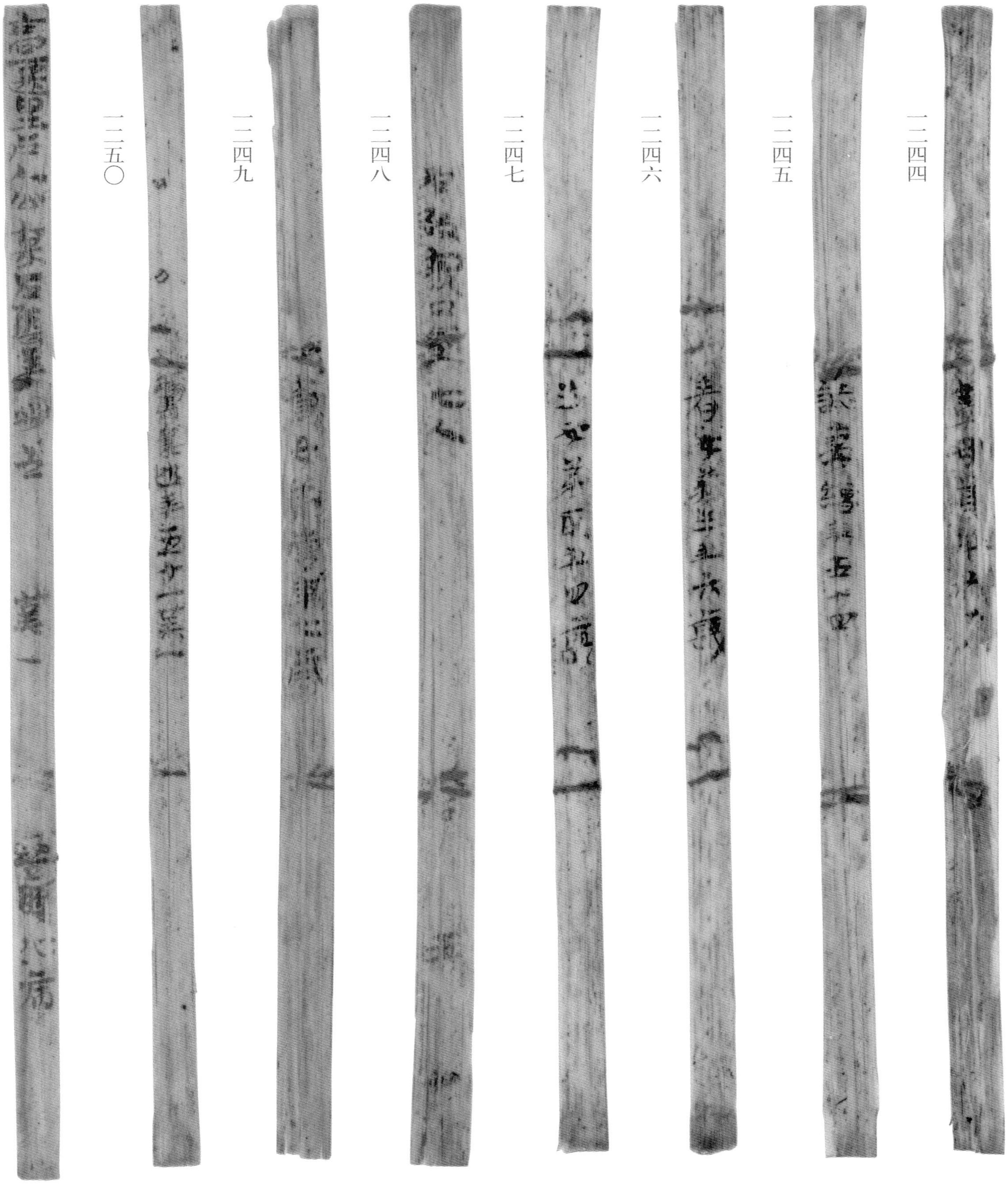

一二四四

一二四五

一二四六

一二四七

一二四八

一二四九

一二五〇

一二五一

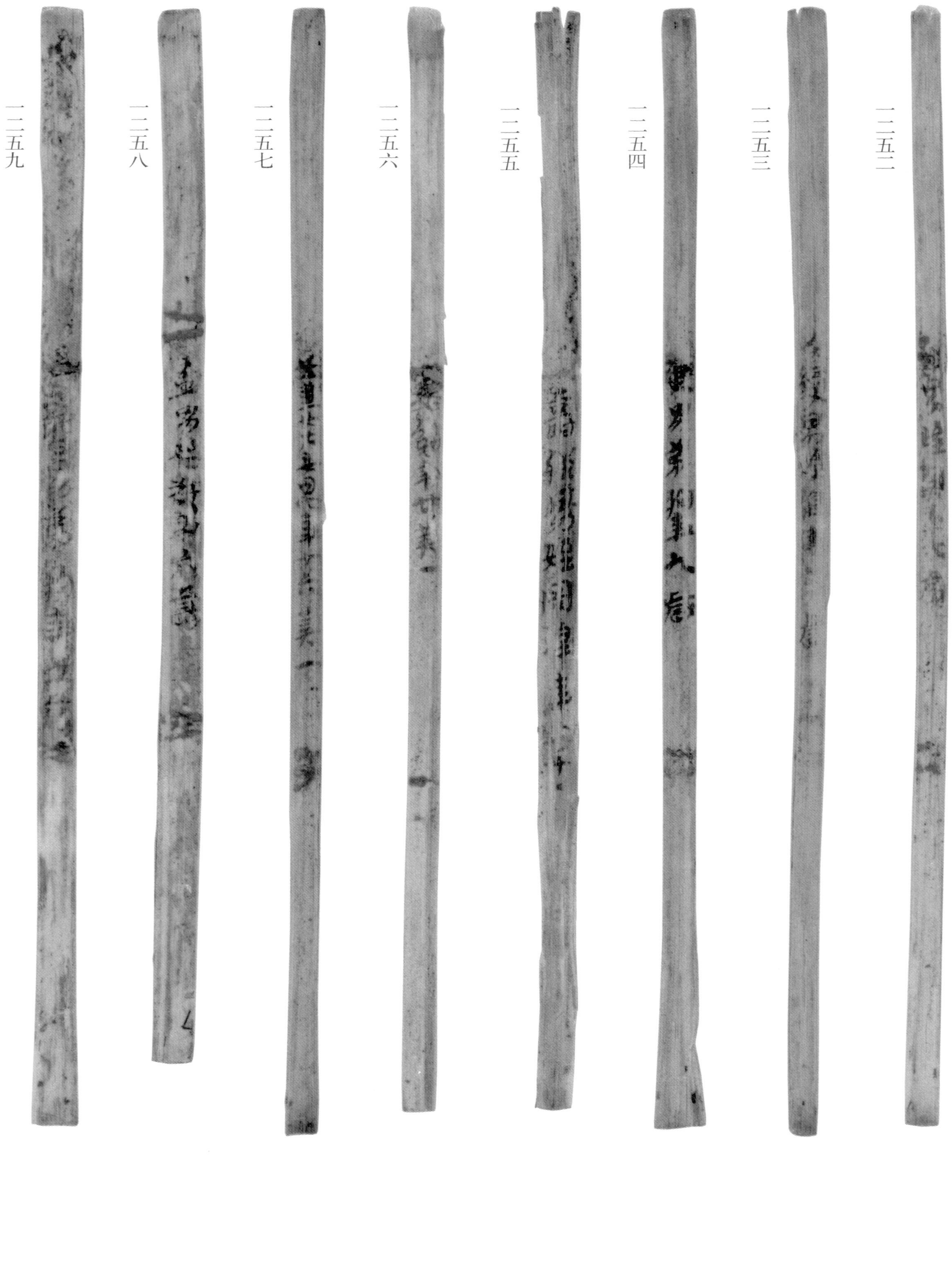
一二五二
一二五三
一二五四
一二五五
一二五六
一二五七
一二五八
一二五九

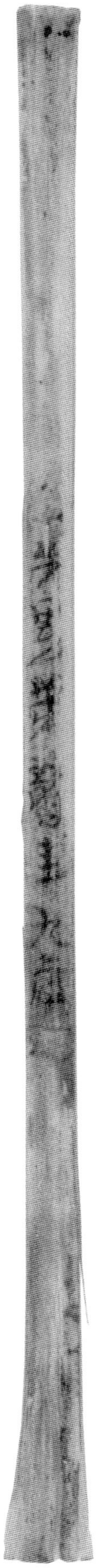
一二六〇

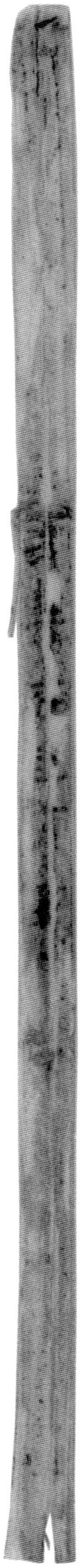
一二六一

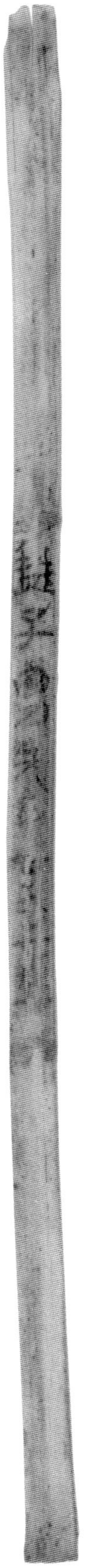
一二六二

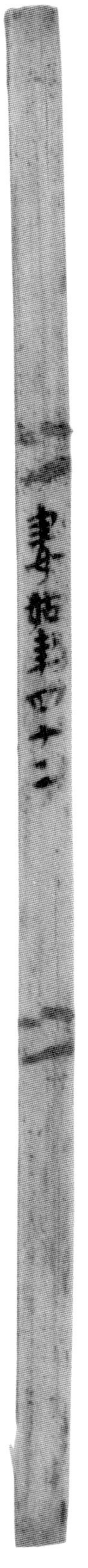
一二六三

一二六四

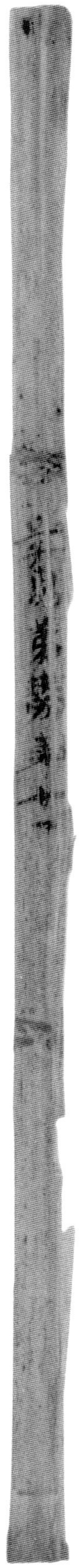
一二六五

一二六六

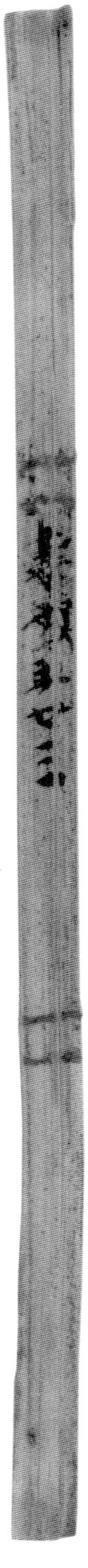
一二六七

一二六八

一二六九

一二七〇

一二七一

一二七二

一二七三

一二七四

一二七五

一二七六

一二七七

一二七八

一二七九

一二八〇

一二八一

一二八二

一二八三

一二八四

一二八五

一二八六

一二八七

一二八八

一二八九

一二九〇

一二九一

一二九二

一二九三

一二九四

一二九五

一二九六

一二九七

一二九八

一二九九

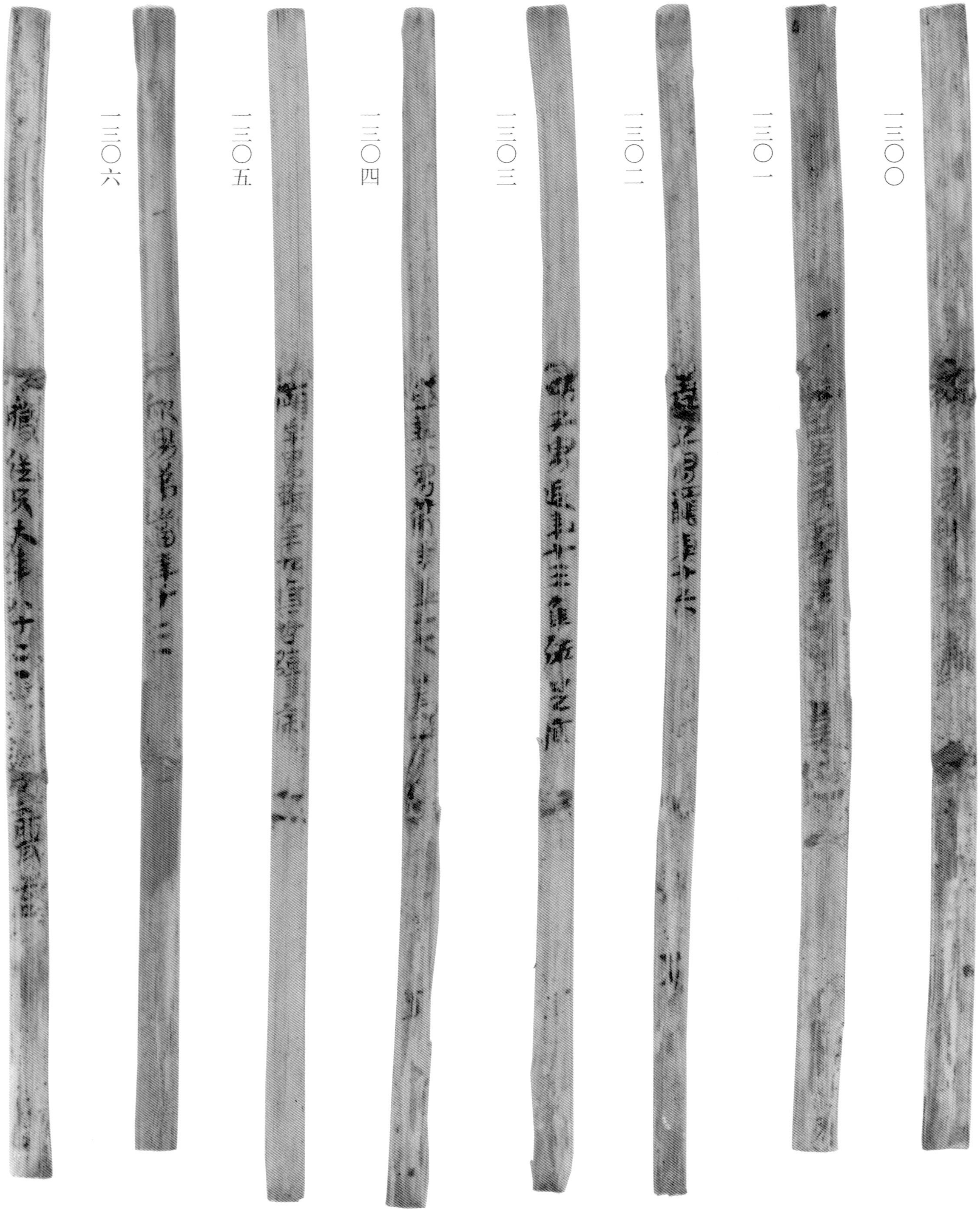

一三〇〇

一三〇一

一三〇二

一三〇三

一三〇四

一三〇五

一三〇六

一三〇七

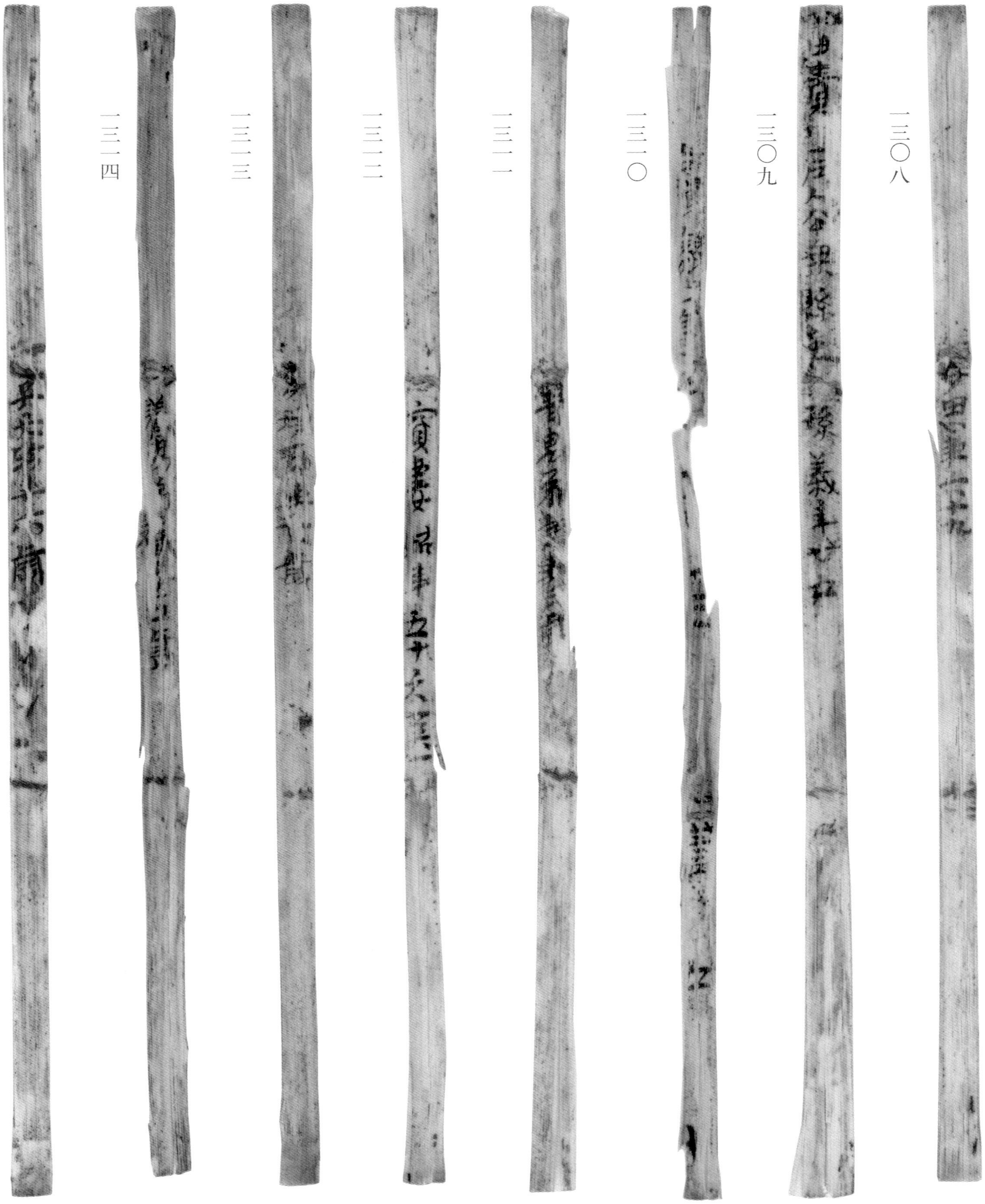

一三〇八

一三〇九

一三一〇

一三一一

一三一二

一三一三

一三一四

一三一五

一三一六 一三一七 一三一八 一三一九 一三二〇 一三二一 一三二二正 一三二二背

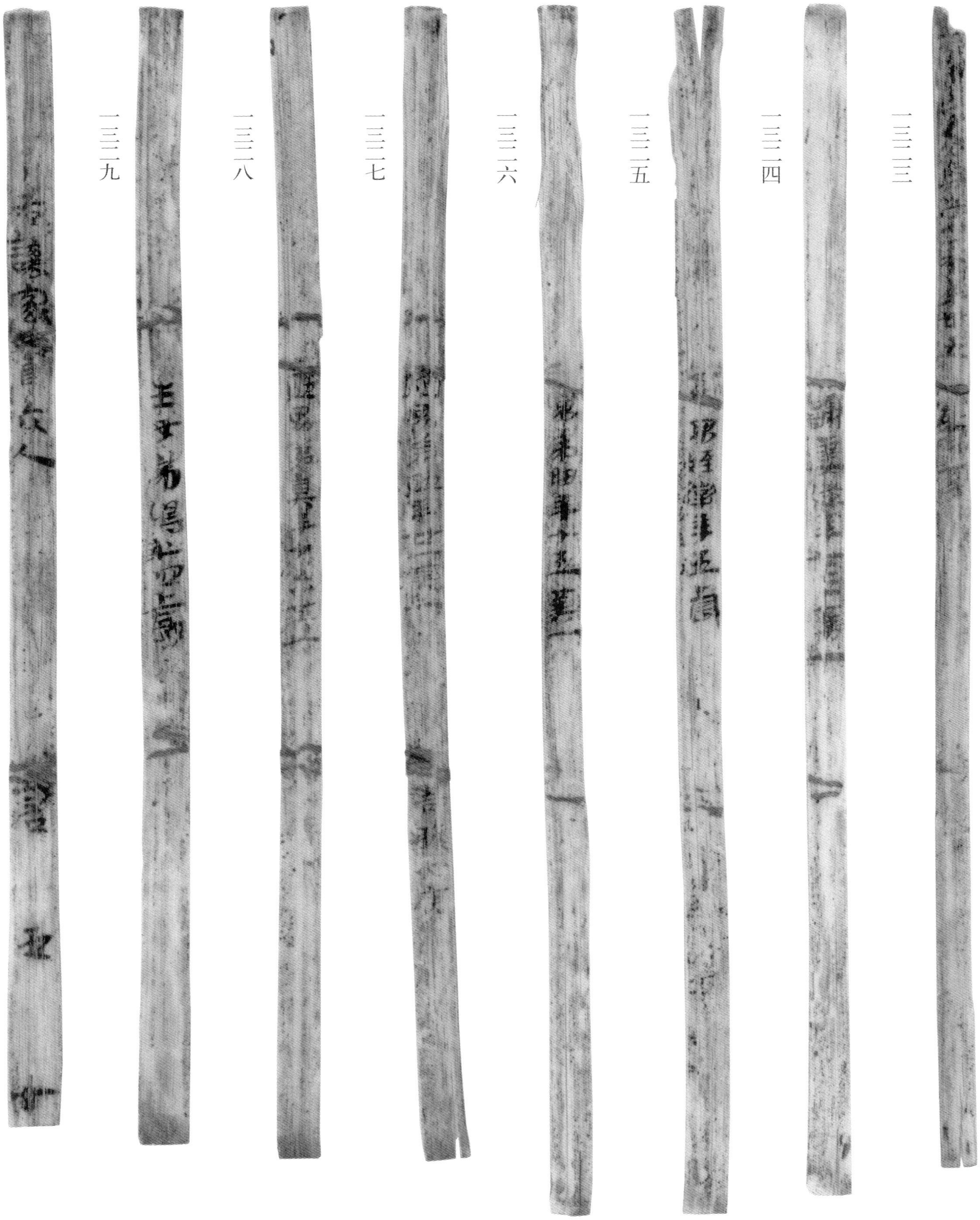

一三三二三

一三三二四

一三三二五

一三三二六

一三三二七

一三三二八

一三三二九

一三三三〇

一三三三一

一三三三二

一三三三三

一三三三四

一三三三五

一三三三六

一三三三七

一三三三八

一三三九

一三四〇

一三四一

一三四二

一三四三

一三四四

一三四五

一三四六

一三四七
一三四八
一三四九
一三五〇
一三五一
一三五二
一三五三
一三五四

一三五五

一三五六

一三五七

一三五八

一三五九

一三六〇

一三六一

一三六二

一三六三

一三六四

一三六五

一三六六

一三六七

一三六八

一三六九

一三七〇

一三七一

一三七二

一三七三

一三七四

一三七五

一三七六

一三七七

一三七八

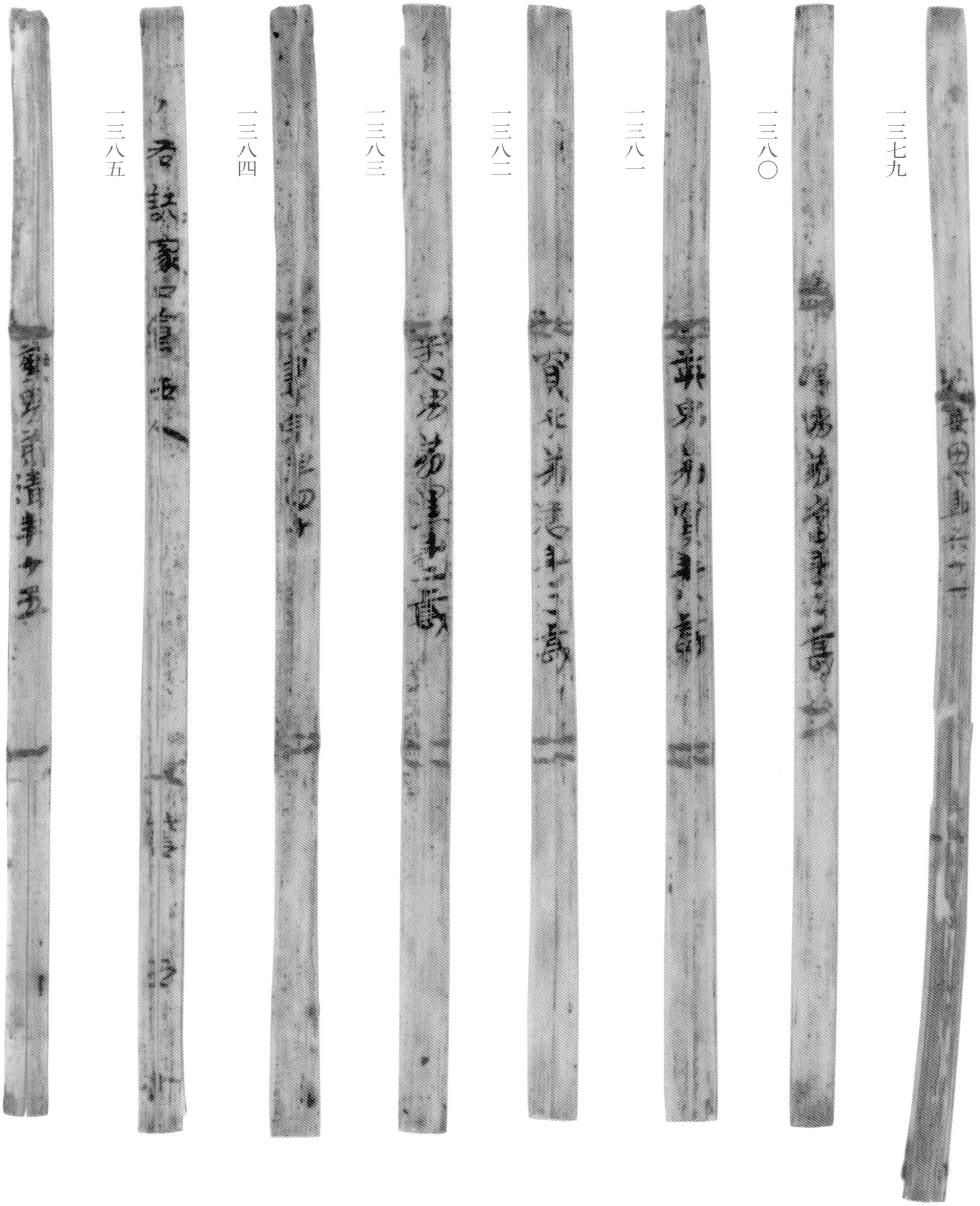

一三七九

一三八〇

一三八一

一三八二

一三八三

一三八四

一三八五

一三八六

一三八七

一三八八

一三八九

一三九〇

一三九一

一三九二

一三九三

一三九四

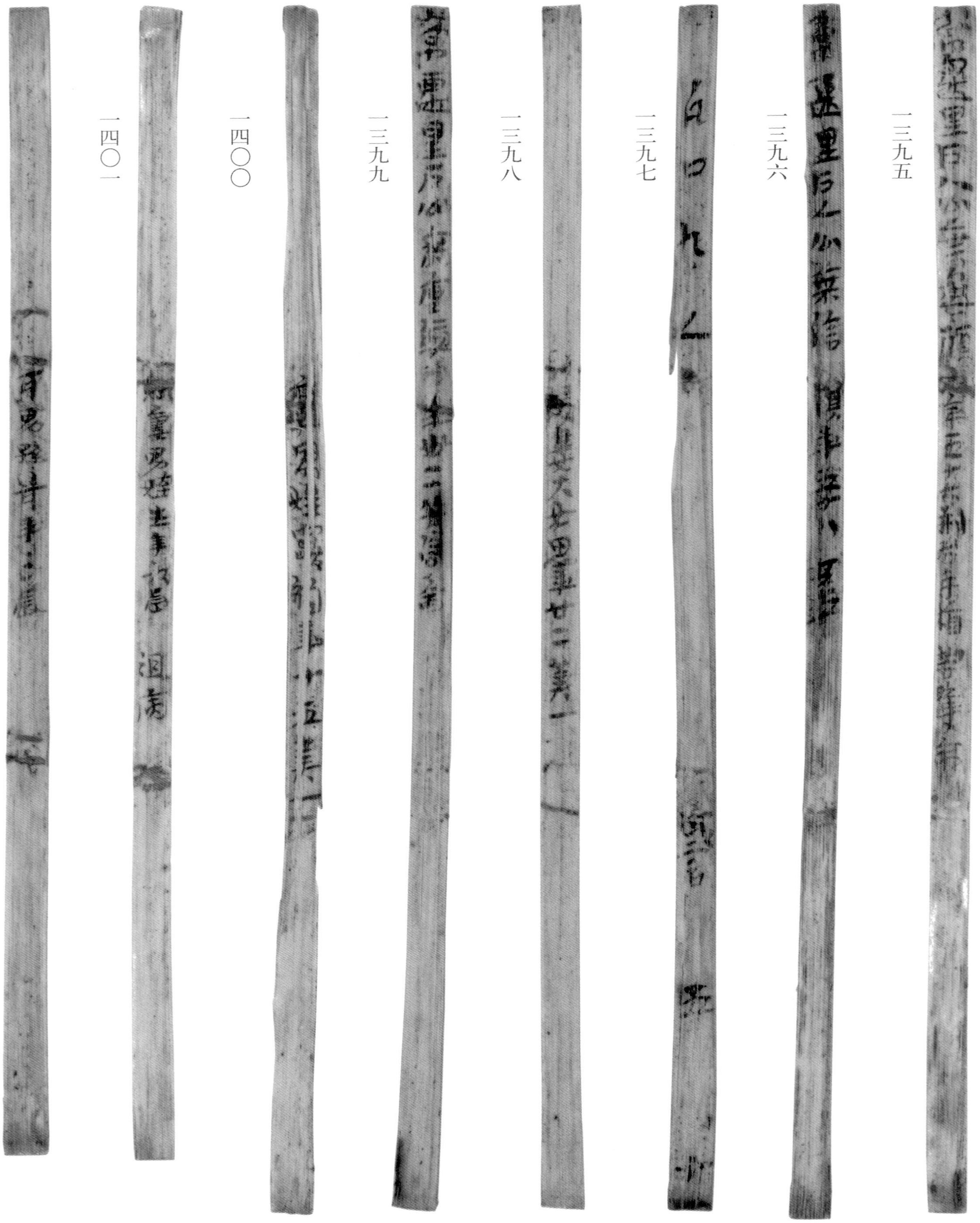

一三九五

一三九六

一三九七

一三九八

一三九九

一四〇〇

一四〇一

一四〇二

一四〇三

一四〇四

一四〇五

一四〇六

一四〇七

一四〇八

一四〇九

一四一〇

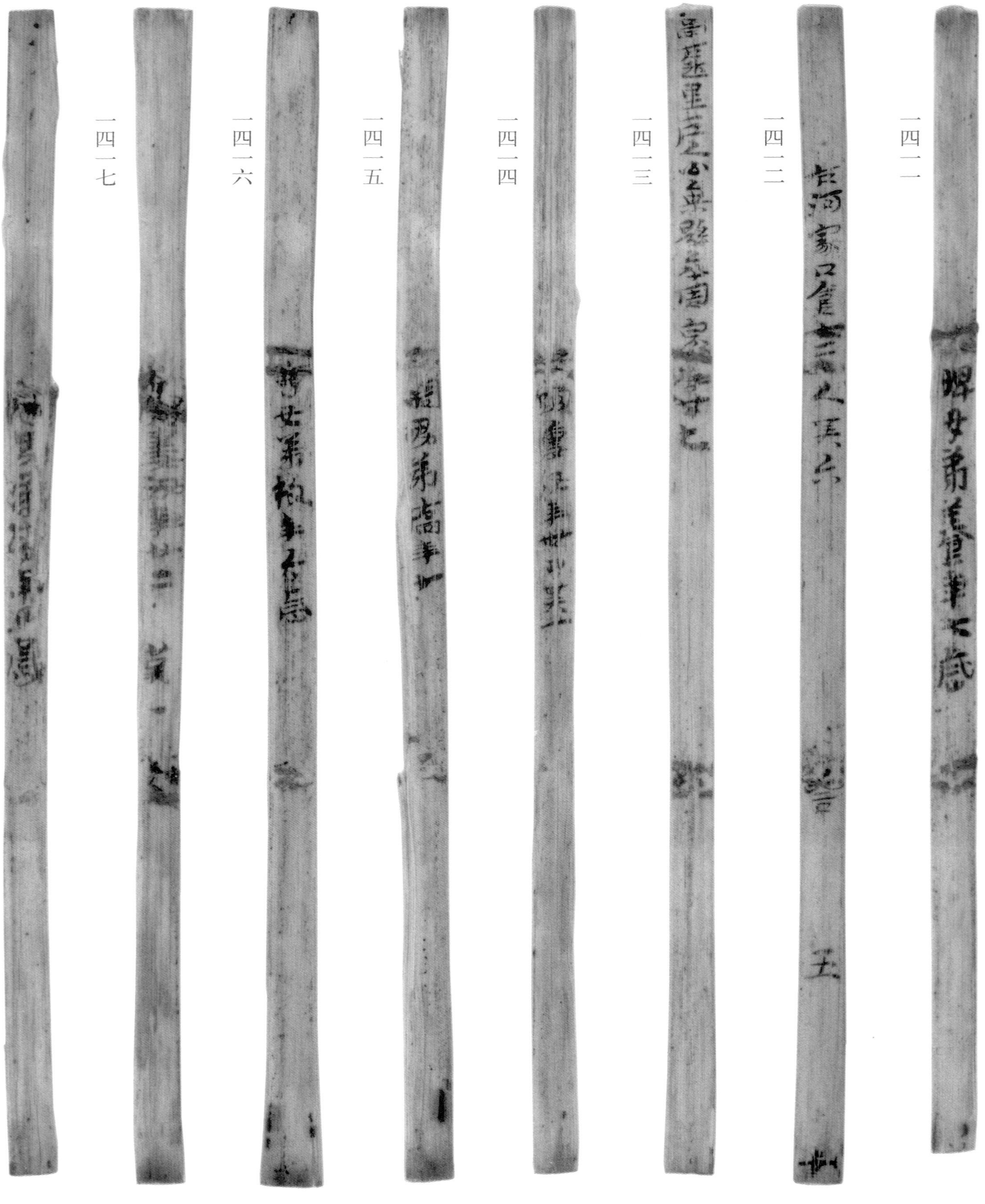

一四一一

一四一二

一四一三

一四一四

一四一五

一四一六

一四一七

一四一八

一四一九

一四二〇

一四二一

一四二二

一四二三

一四二四

一四二五

一四二六

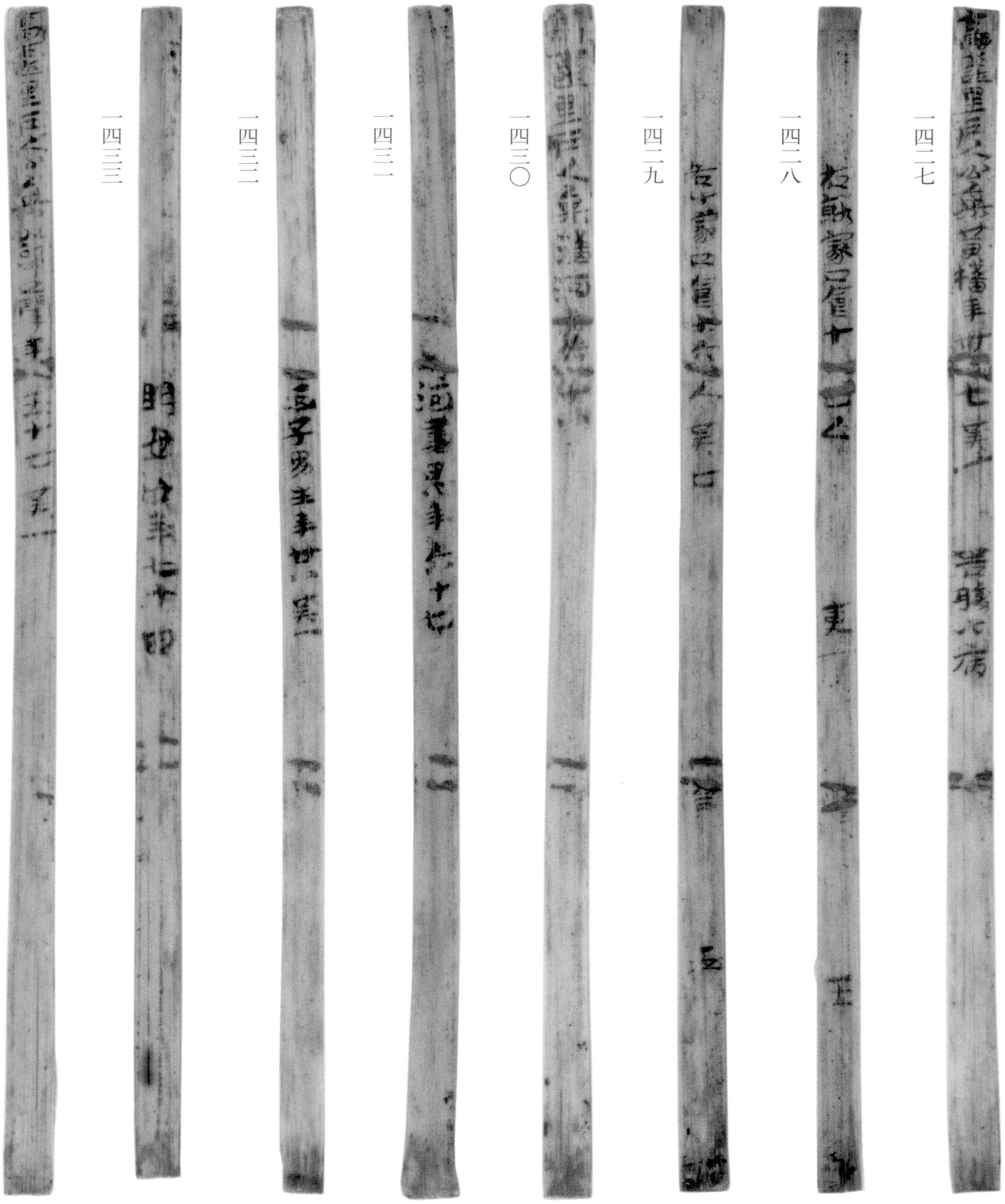

一四二七
一四二八
一四二九
一四三〇
一四三一
一四三二
一四三三
一四三四

一四三五

一四三六

一四三七

一四三八

一四三九

一四四〇

一四四一

一四四二

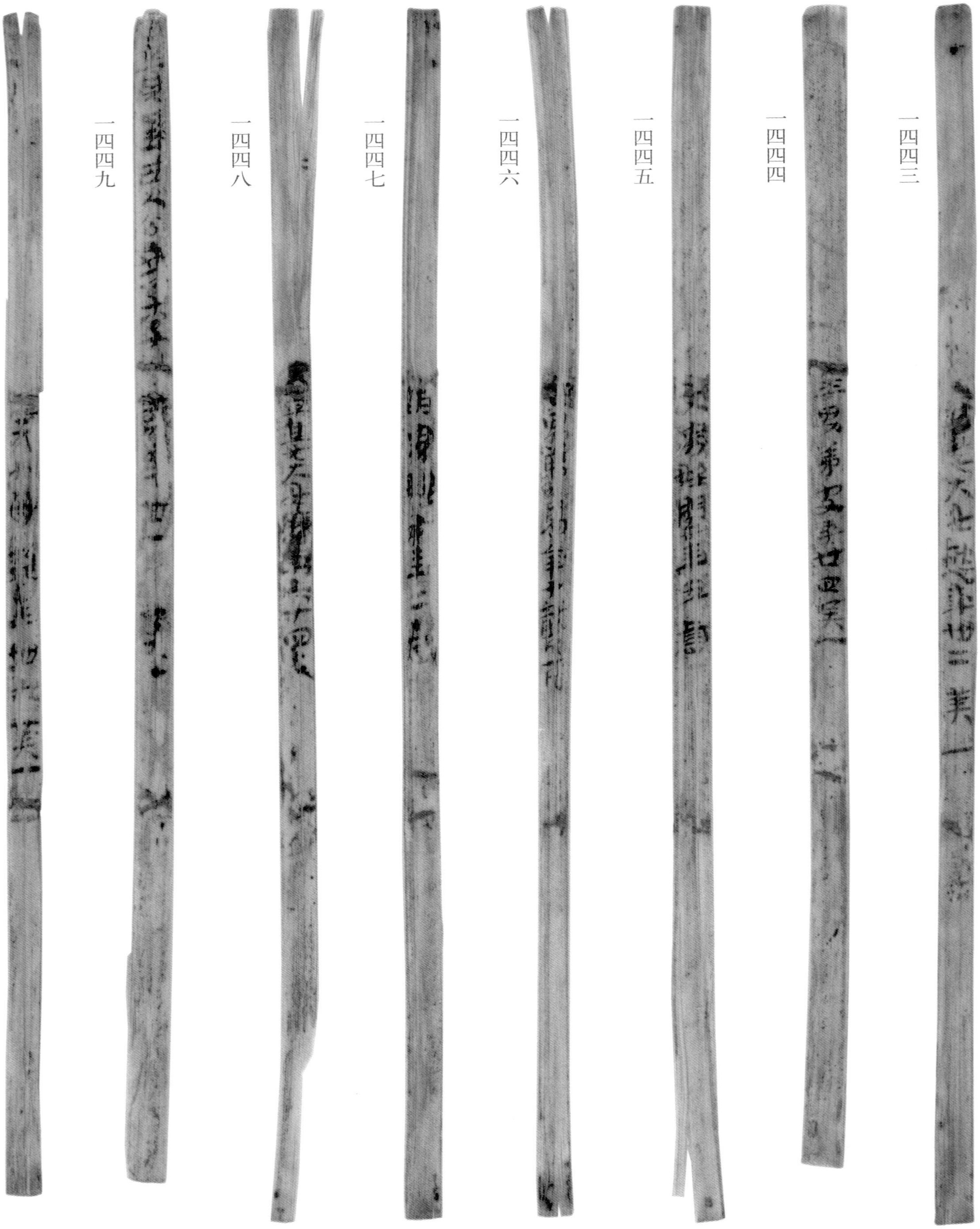

一四四三

一四四四

一四四五

一四四六

一四四七

一四四八

一四四九

一四五〇

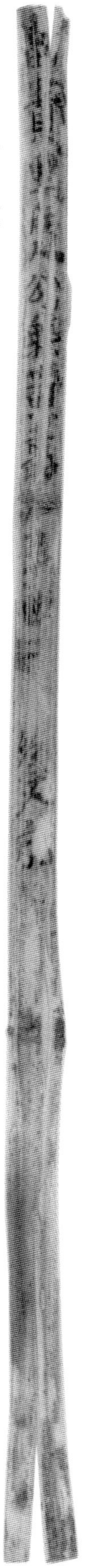

一四五一

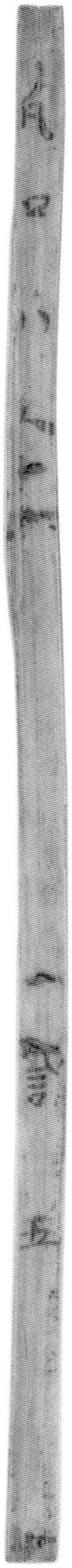

一四五二

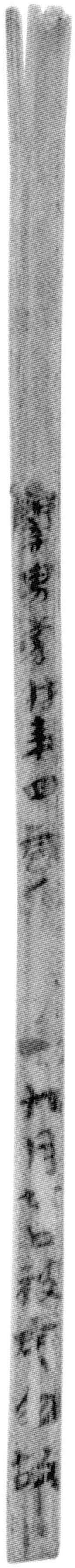

一四五三

一四五四

一四五五

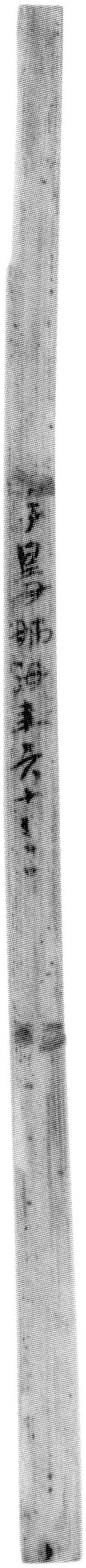

一四五六

一四五七

一四五八

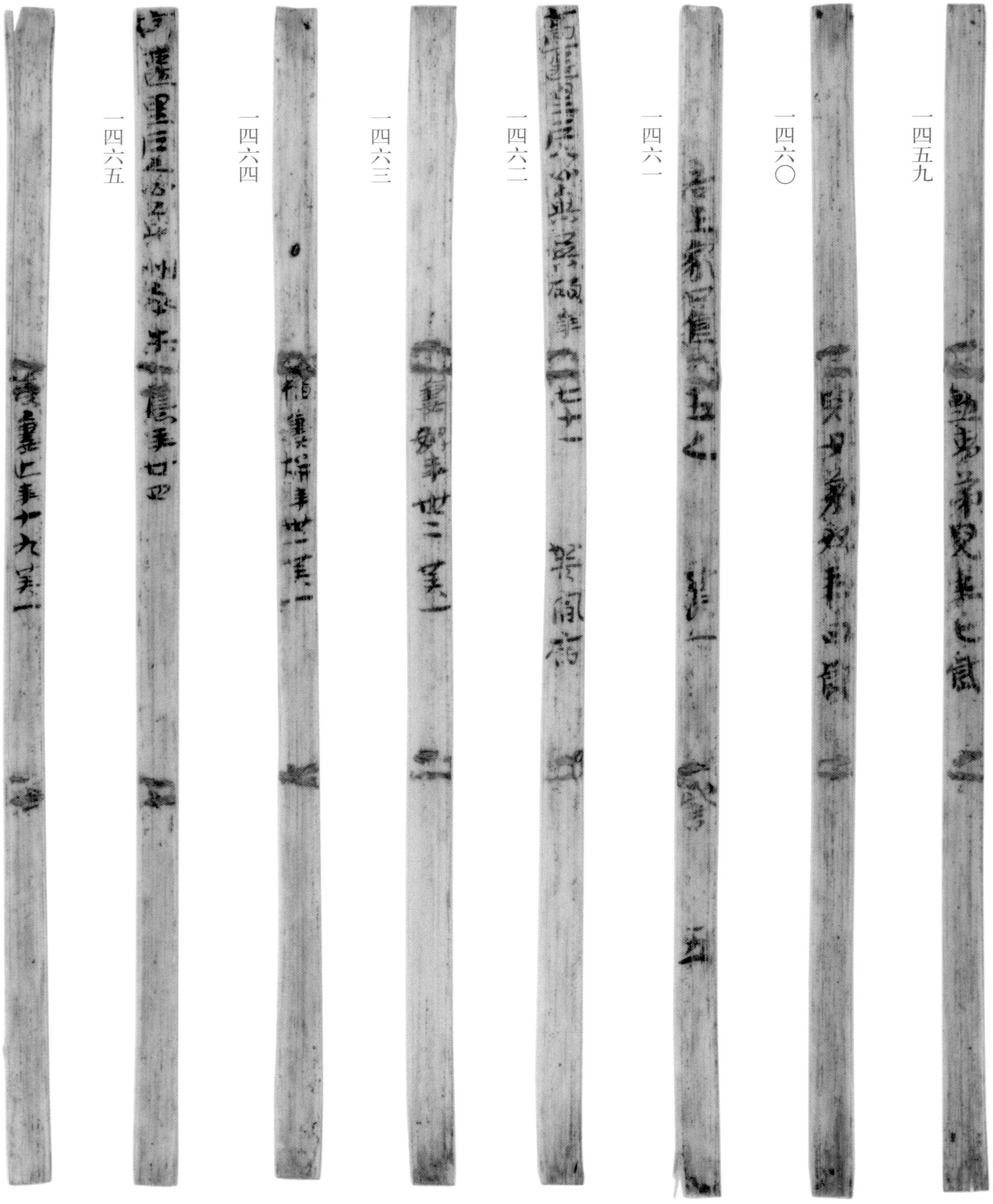

一四五九　一四六〇　一四六一　一四六二　一四六三　一四六四　一四六五　一四六六

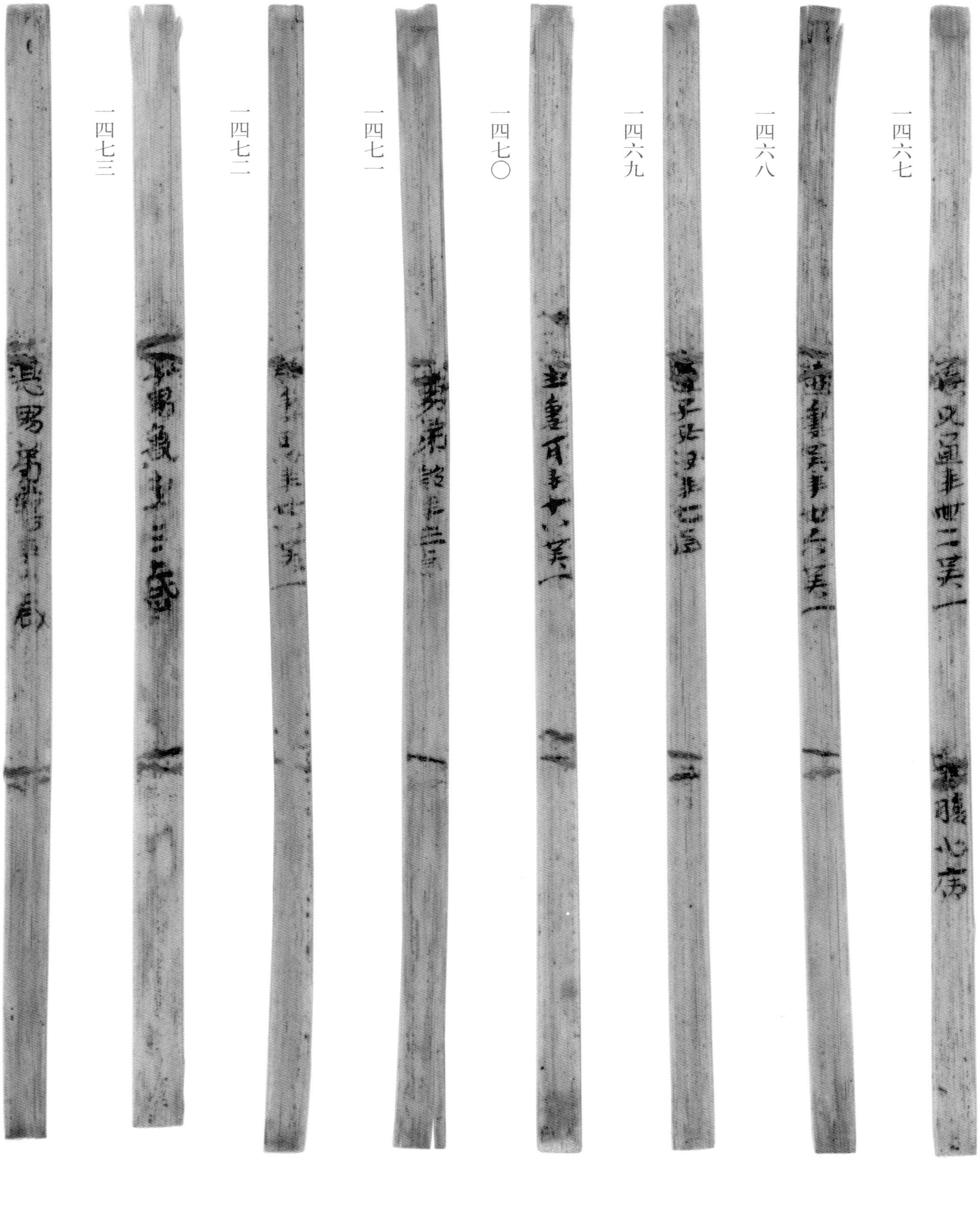

一四六七

一四六八

一四六九

一四七〇

一四七一

一四七二

一四七三

一四七四

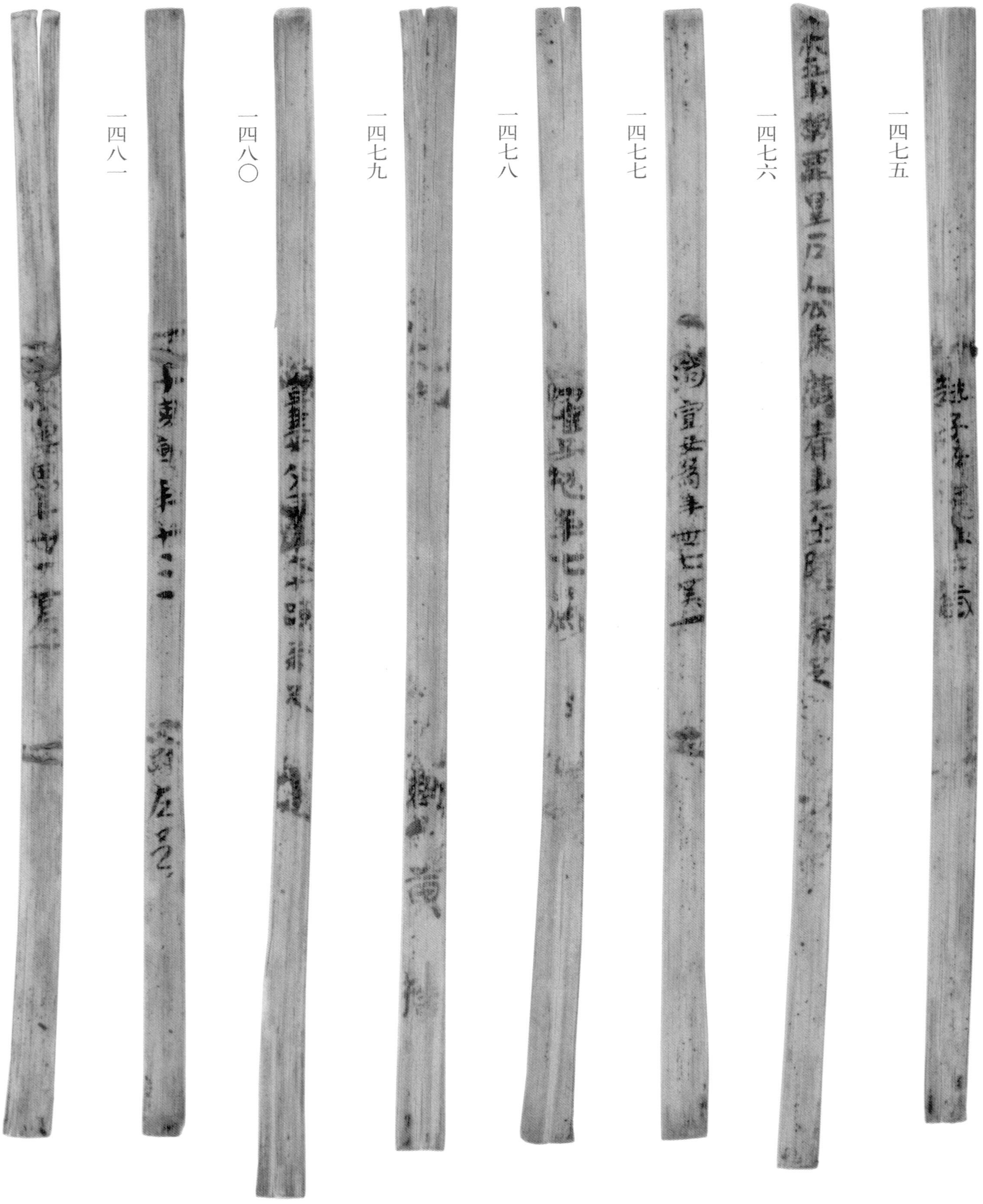

一四七五

一四七六

一四七七

一四七八

一四七九

一四八〇

一四八一

一四八二

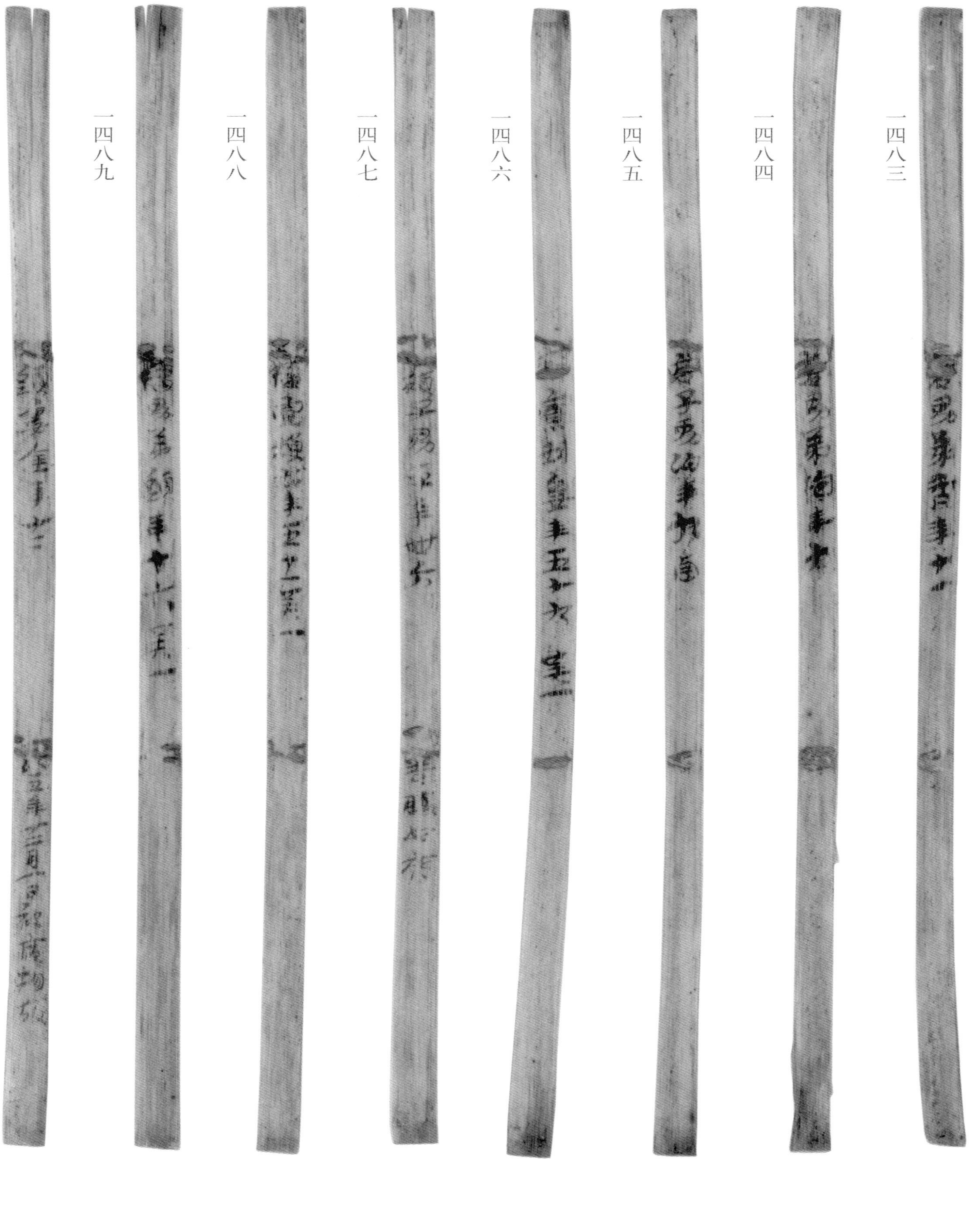

一四八三

一四八四

一四八五

一四八六

一四八七

一四八八

一四八九

一四九〇

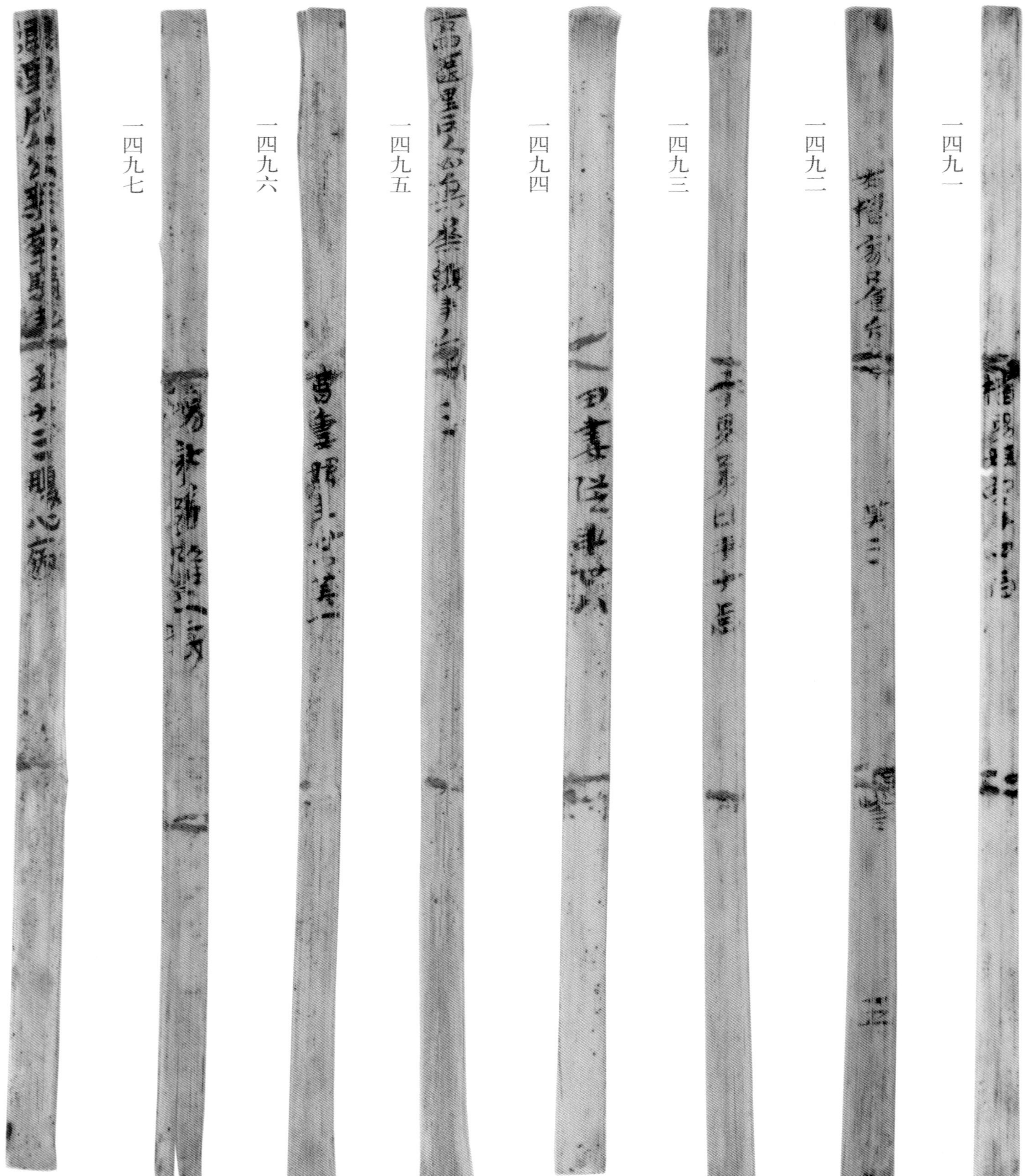

一四九一

一四九二

一四九三

一四九四

一四九五

一四九六

一四九七

一四九八

一四九九

一五〇〇

一五〇一

一五〇二

一五〇三

一五〇四

一五〇五

一五〇六

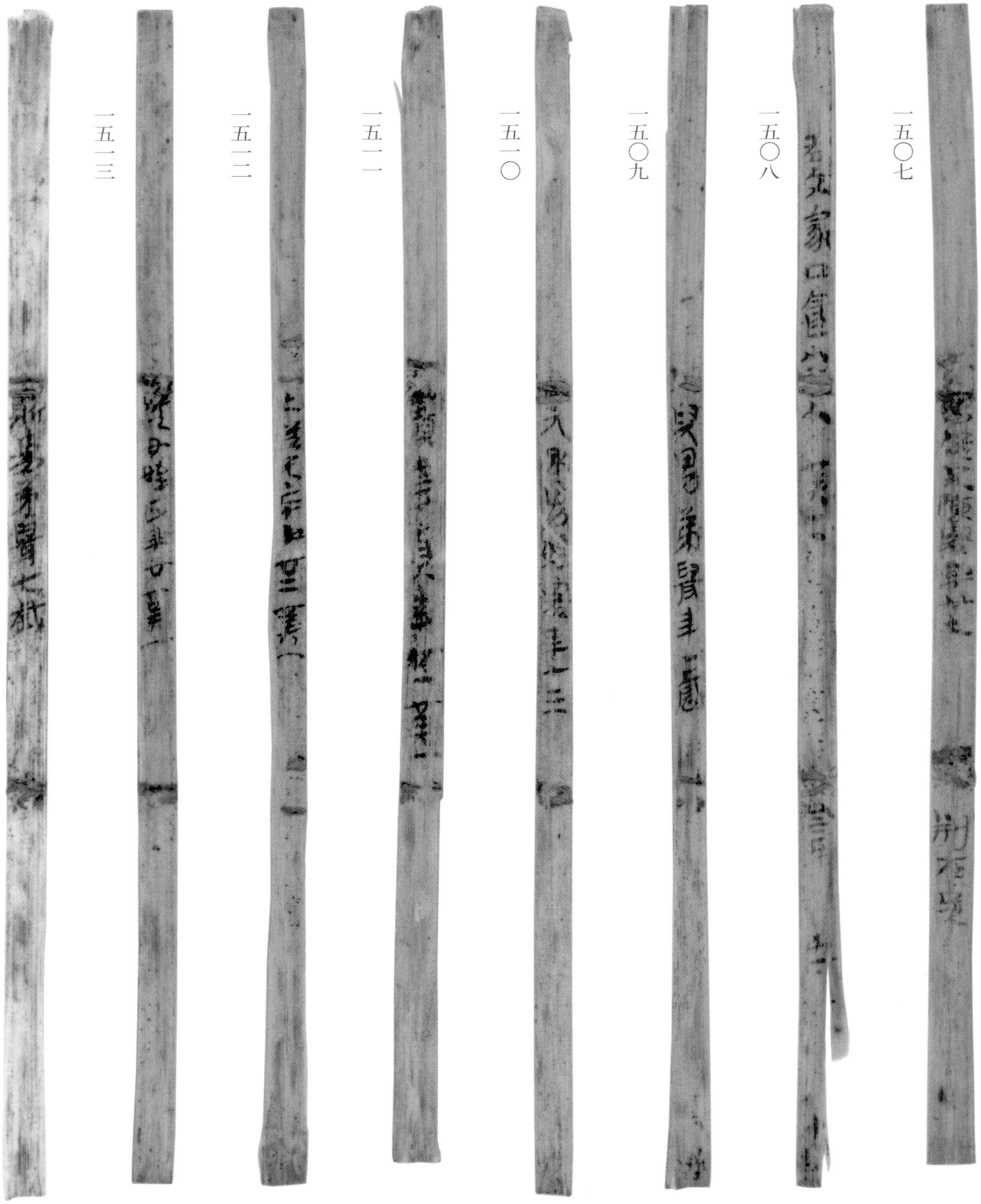

一五〇七

一五〇八

一五〇九

一五一〇

一五一一

一五一二

一五一三

一五一四

一五一五

一五一六

一五一七

一五一八

一五一九

一五二〇

一五二一

一五二二

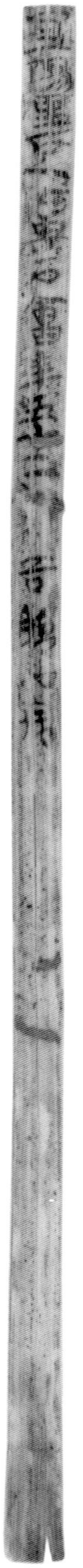
一五二三

一五二四

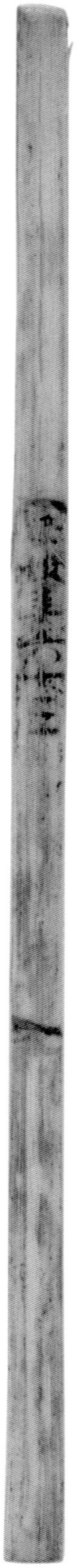
一五二五

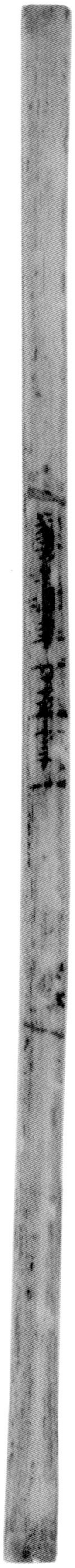
一五二六

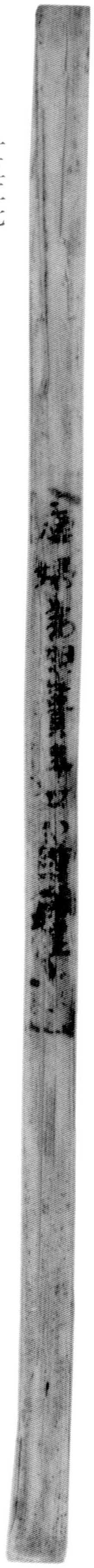
一五二七

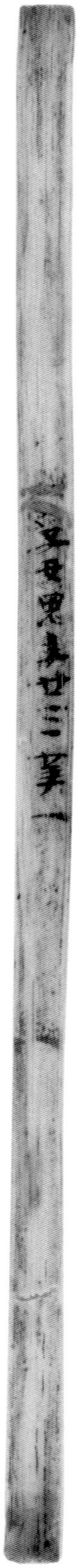
一五二八

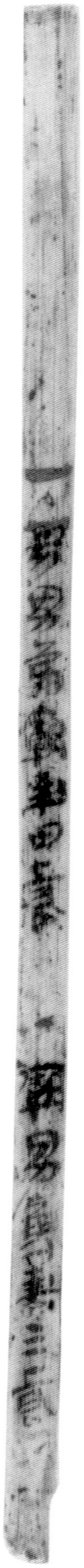
一五二九

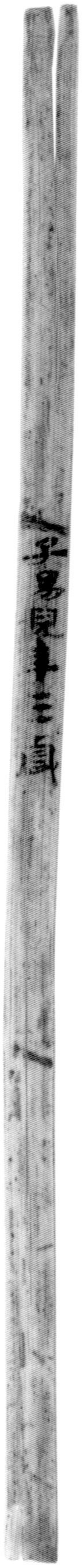
一五三〇

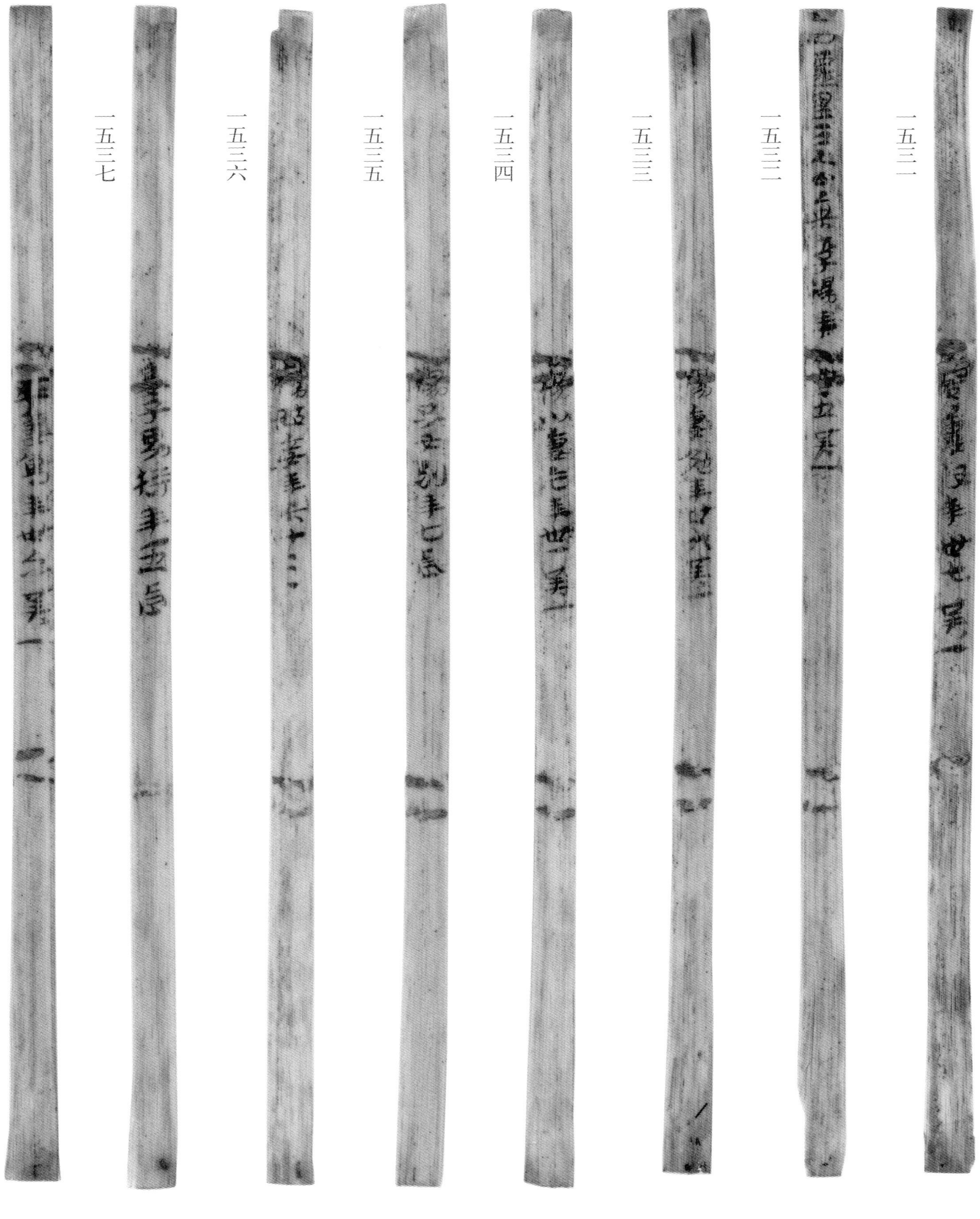

一五三一

一五三二

一五三三

一五三四

一五三五

一五三六

一五三七

一五三八

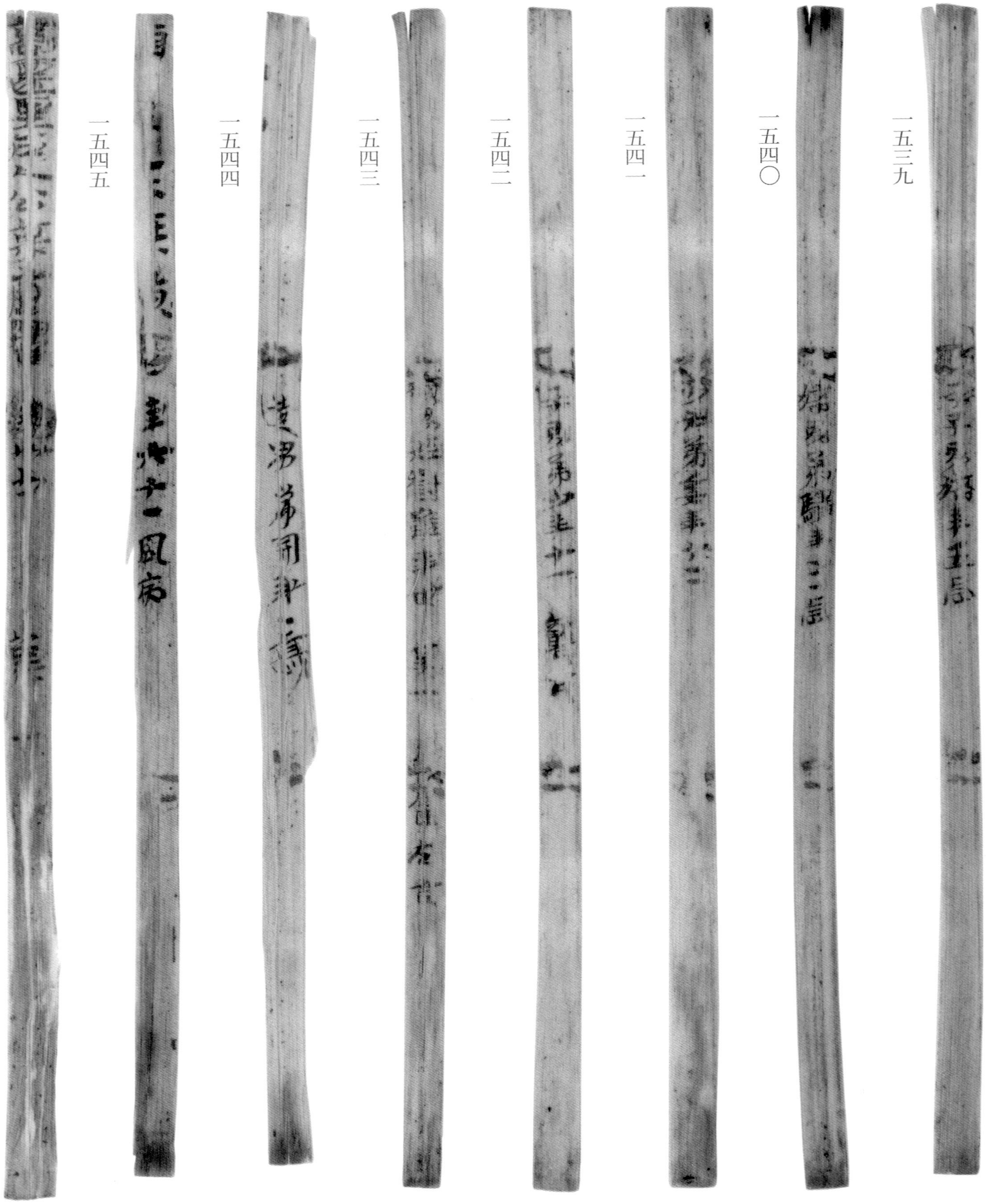

一五三九

一五四〇

一五四一

一五四二

一五四三

一五四四

一五四五

一五四六

一五四七 一五四八 一五四九 一五五〇 一五五一 一五五二 一五五三 一五五四

一五五五

一五五六

一五五七

一五五八

一五五九

一五六〇

一五六一

一五六二

一五六三

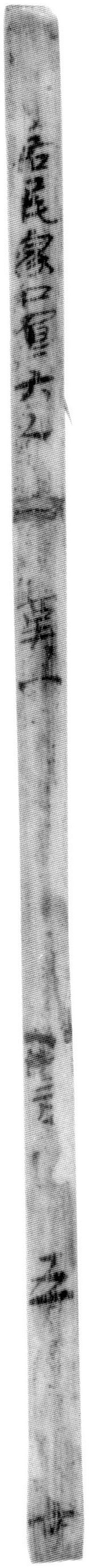
一五六四

一五六五

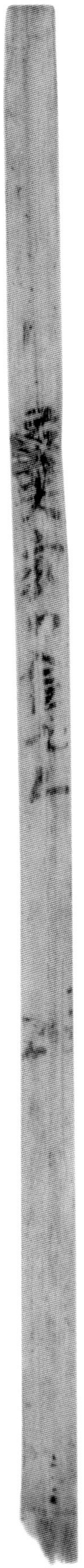
一五六六

一五六七

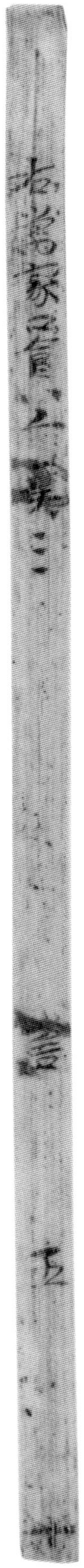
一五六八

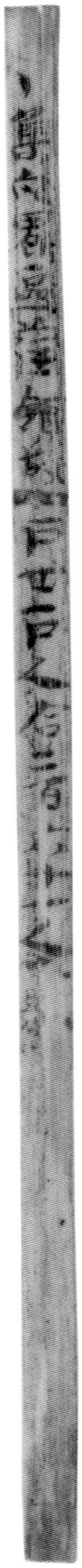
一五六九

一五七〇

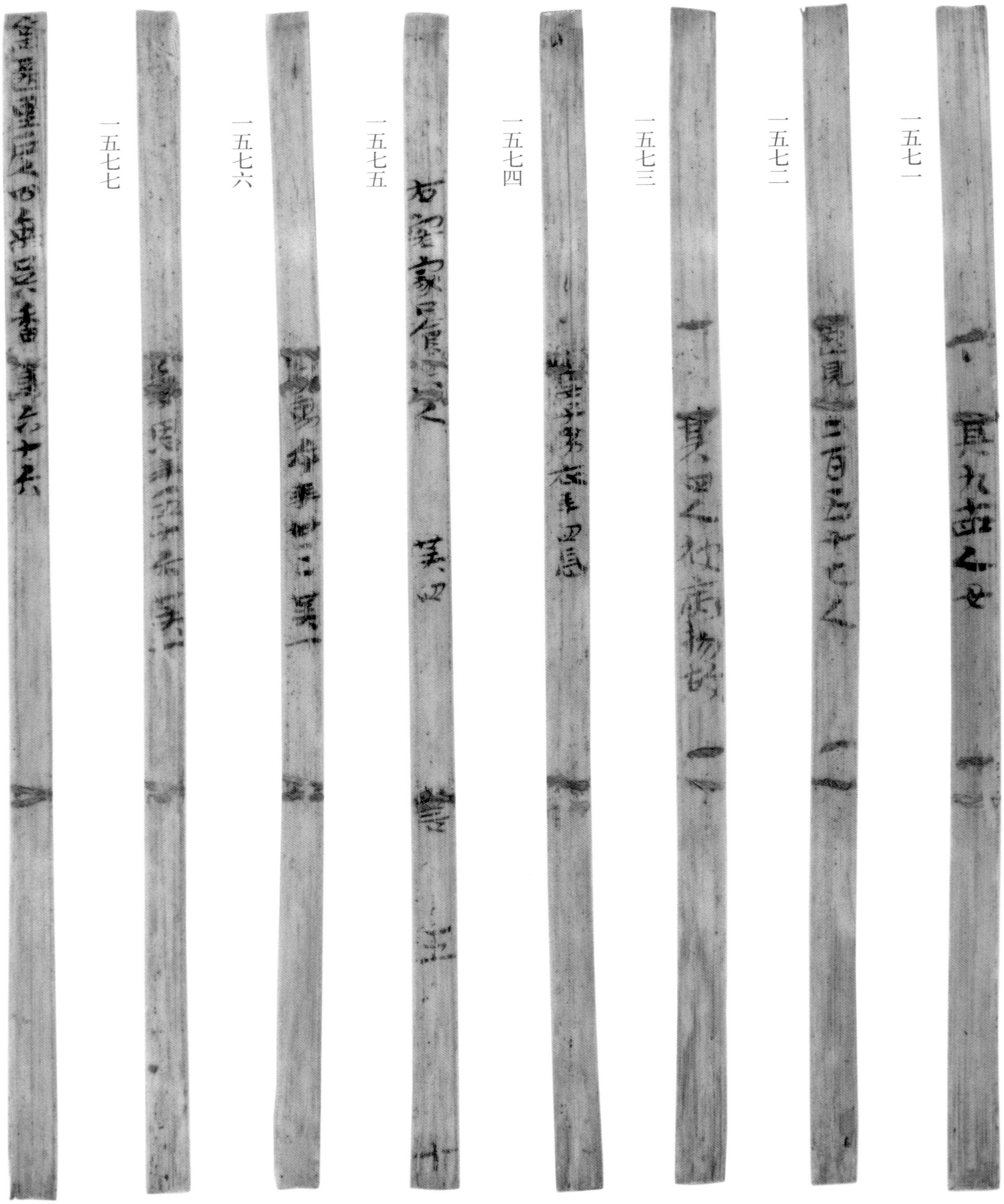

一五七一

一五七二

一五七三

一五七四

一五七五

一五七六

一五七七

一五七八

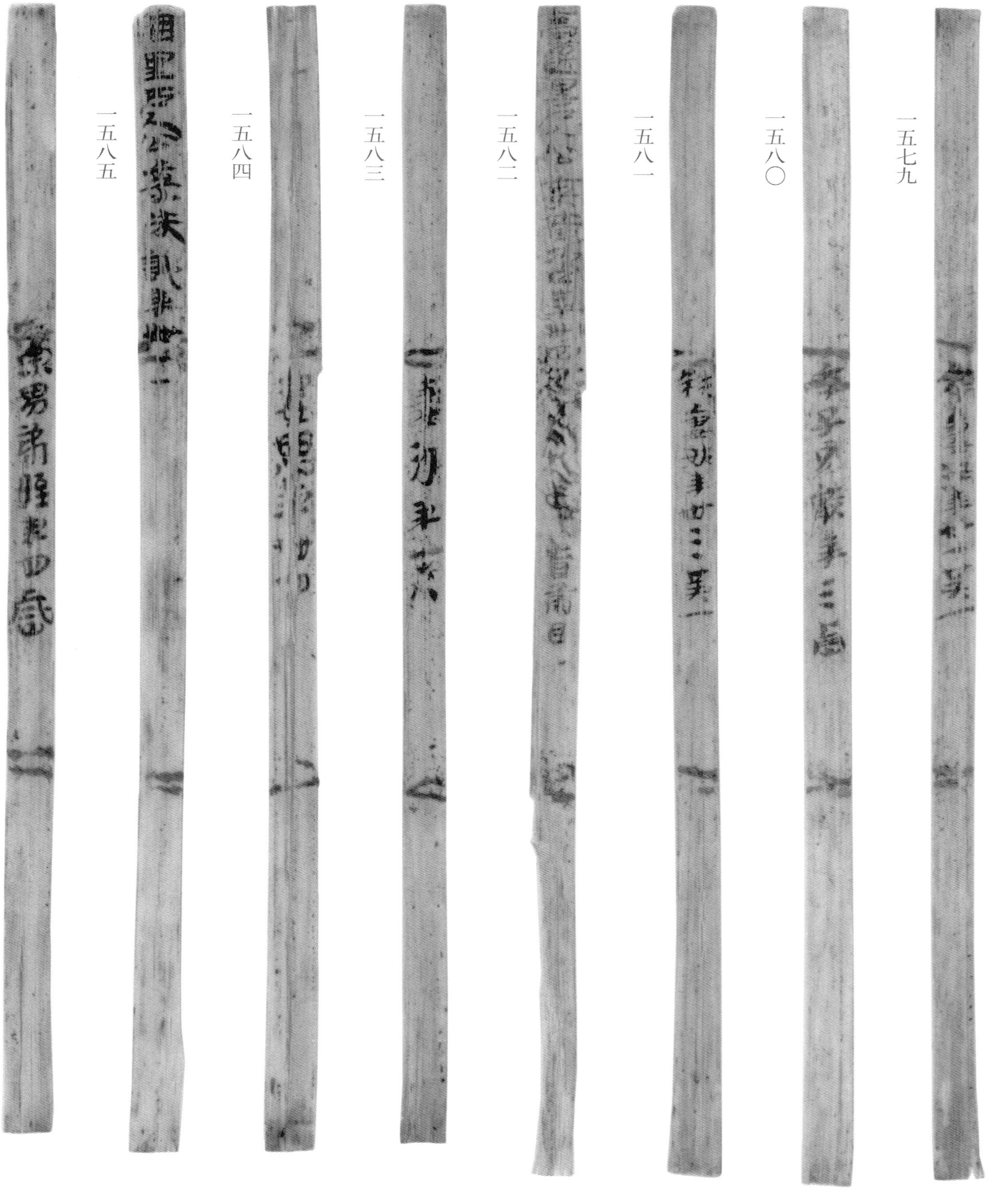

一五七九 一五八〇 一五八一 一五八二 一五八三 一五八四 一五八五 一五八六

一五八七

一五八八

一五八九

一五九〇

一五九一

一五九二

一五九三

一五九四

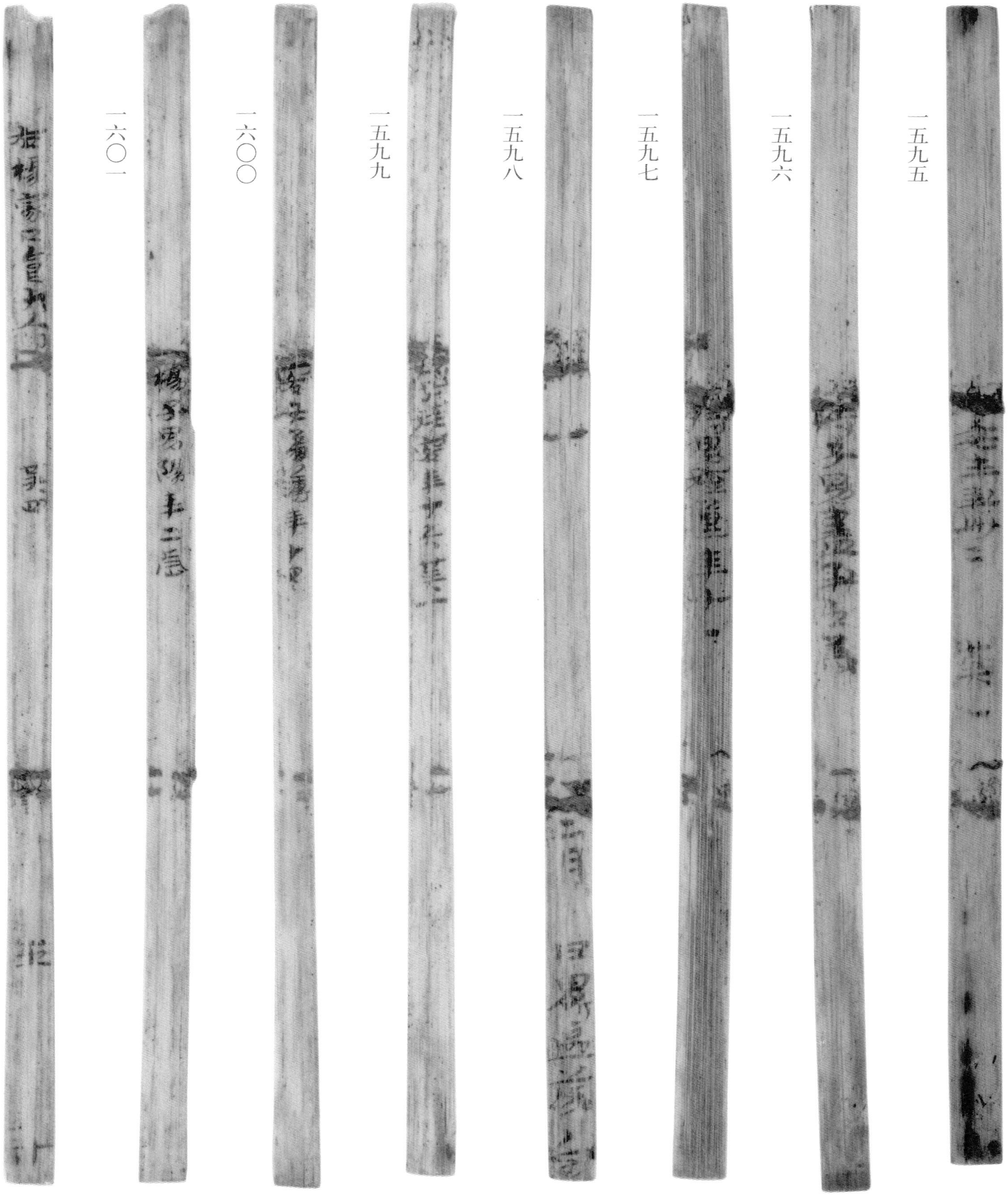

一五九五

一五九六

一五九七

一五九八

一五九九

一六〇〇

一六〇一

一六〇二

一六〇三

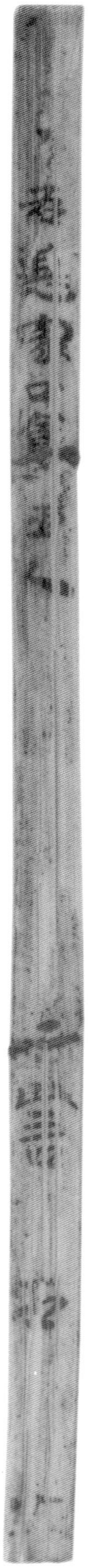

一六〇四

一六〇五

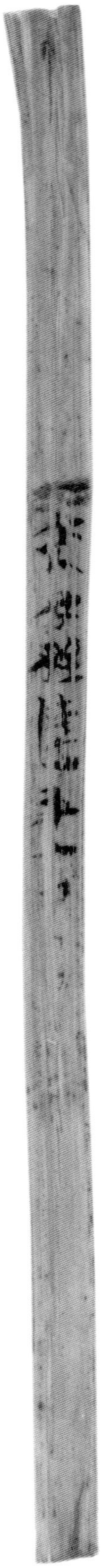

一六〇六

一六〇七

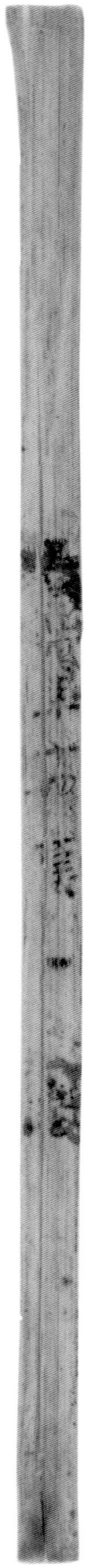

一六〇八

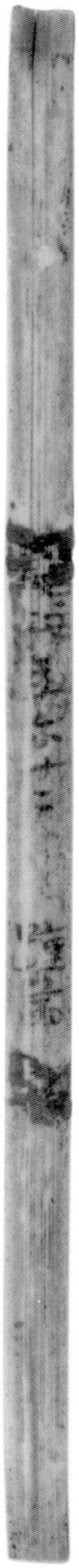

一六〇九

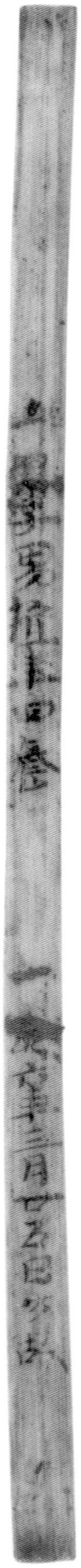

一六一〇

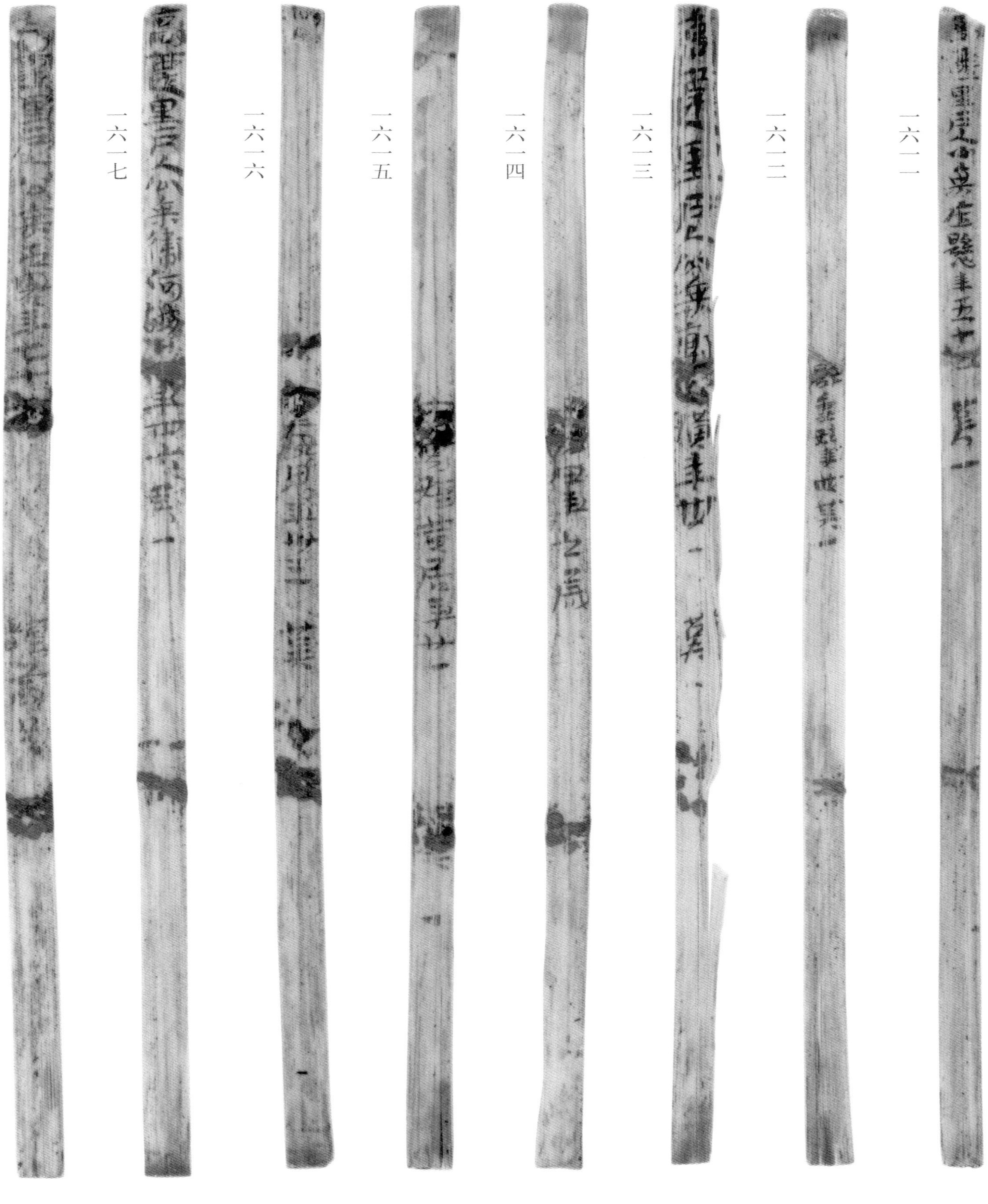

一六一一

一六一二

一六一三

一六一四

一六一五

一六一六

一六一七

一六一八

一六一九

一六二〇

一六二一

一六二二

一六二三

一六二四

一六二五

一六二六

一六二七

一六二八

一六二九

一六三〇

一六三一

一六三二

一六三三

一六三四

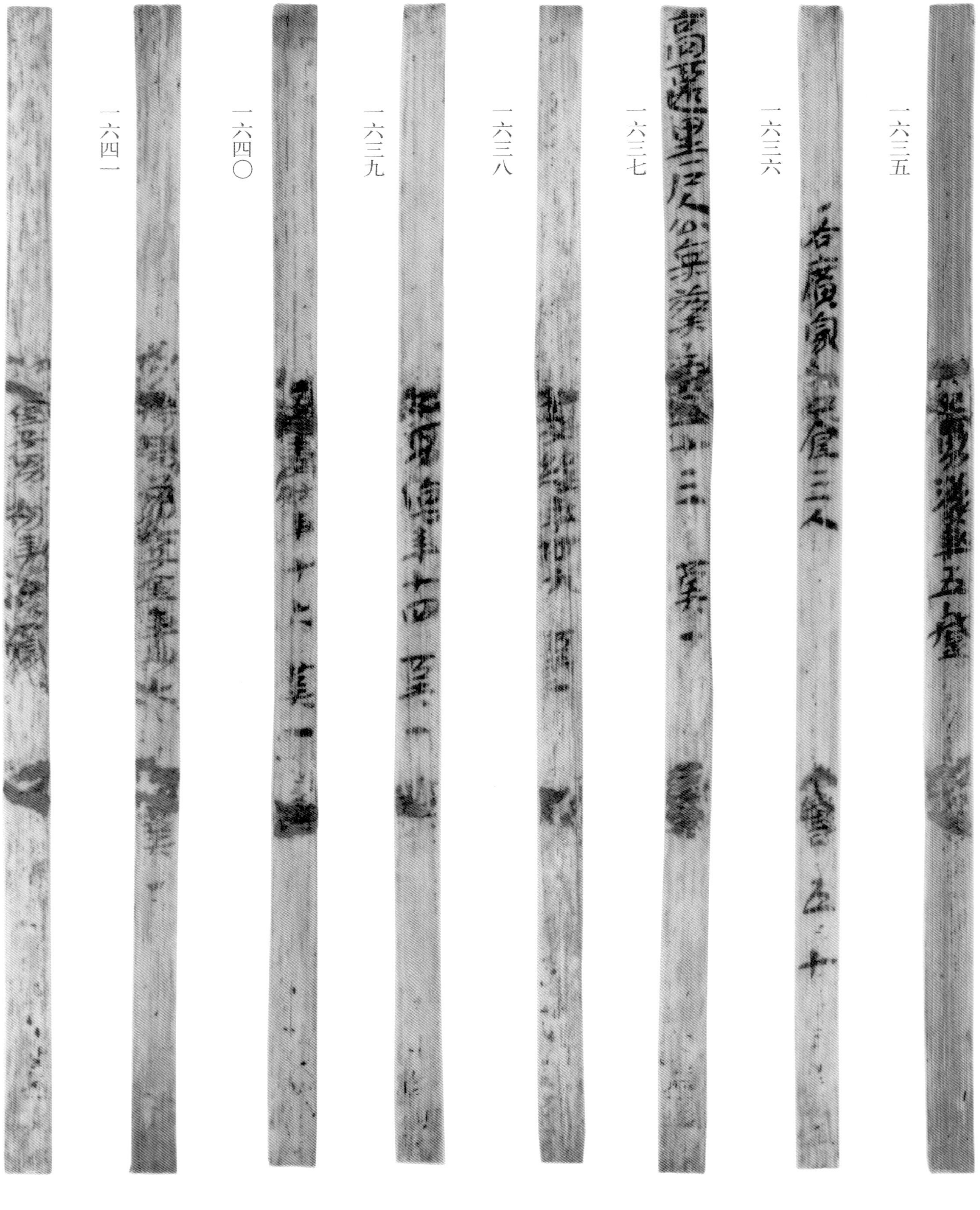

一六三五

一六三六

一六三七

一六三八

一六三九

一六四〇

一六四一

一六四二

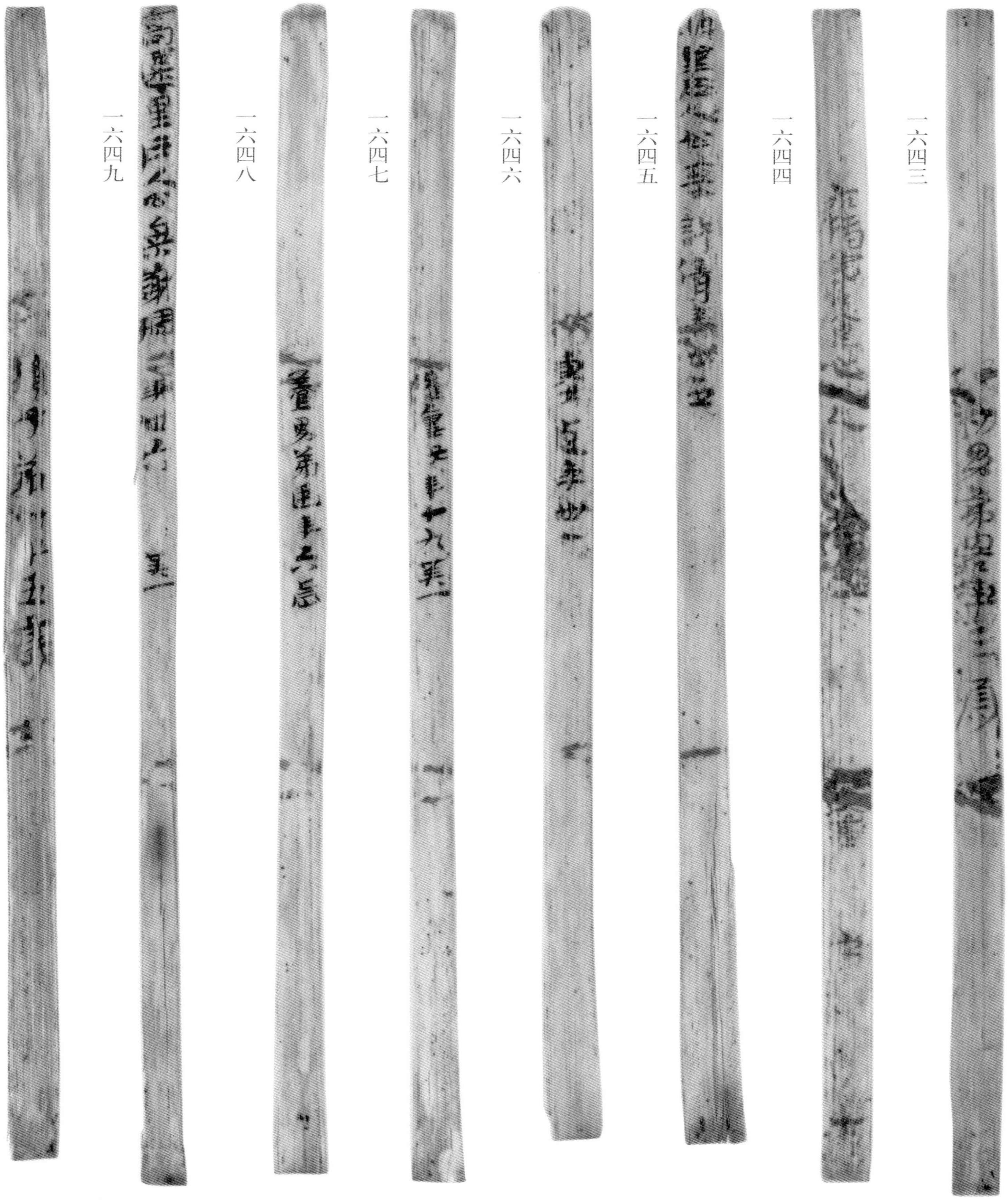

一六四三

一六四四

一六四五

一六四六

一六四七

一六四八

一六四九

一六五〇

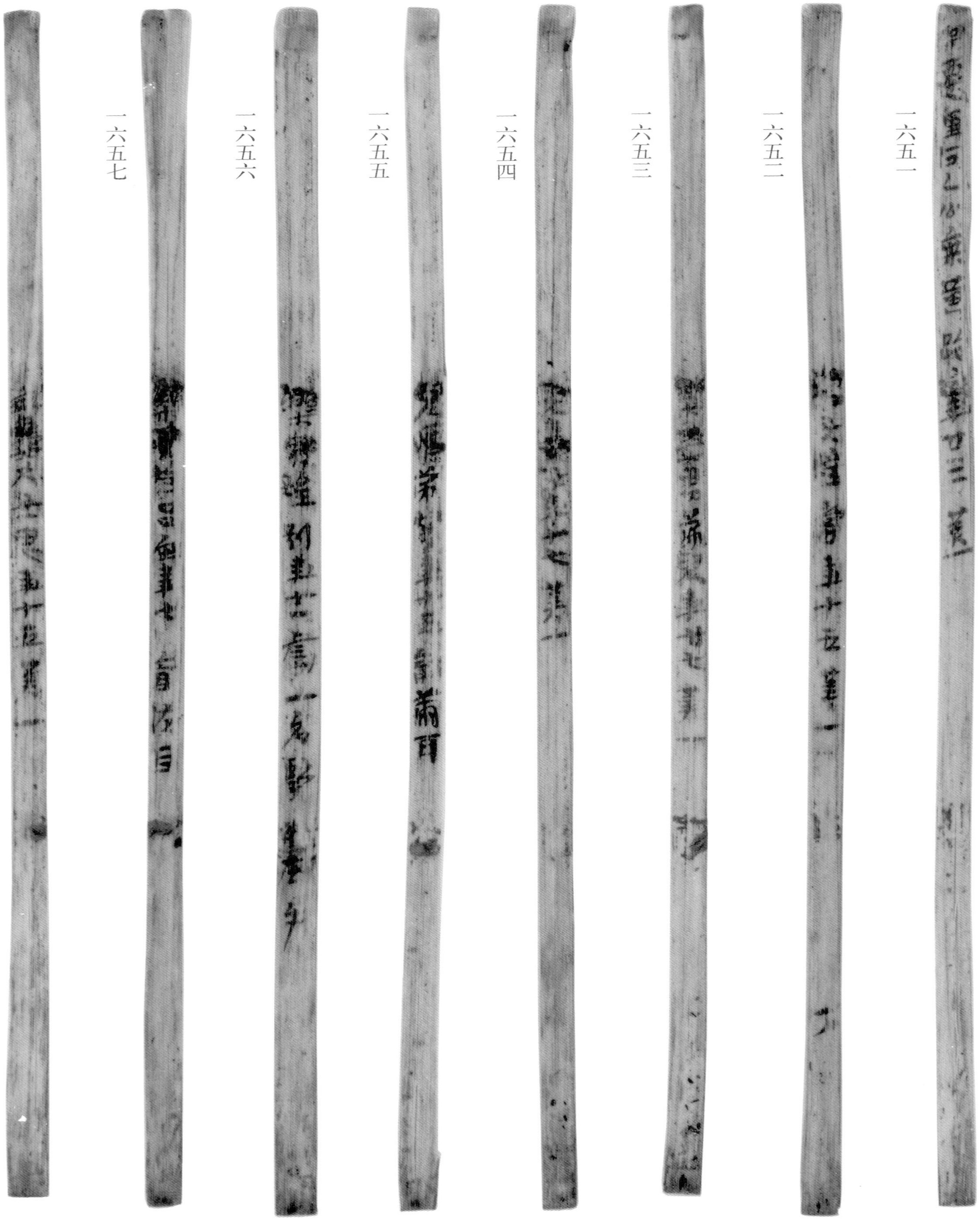

一六五一

一六五二

一六五三

一六五四

一六五五

一六五六

一六五七

一六五八

一六五九

一六六〇

一六六一

一六六二

一六六三

一六六四

一六六五

一六六六

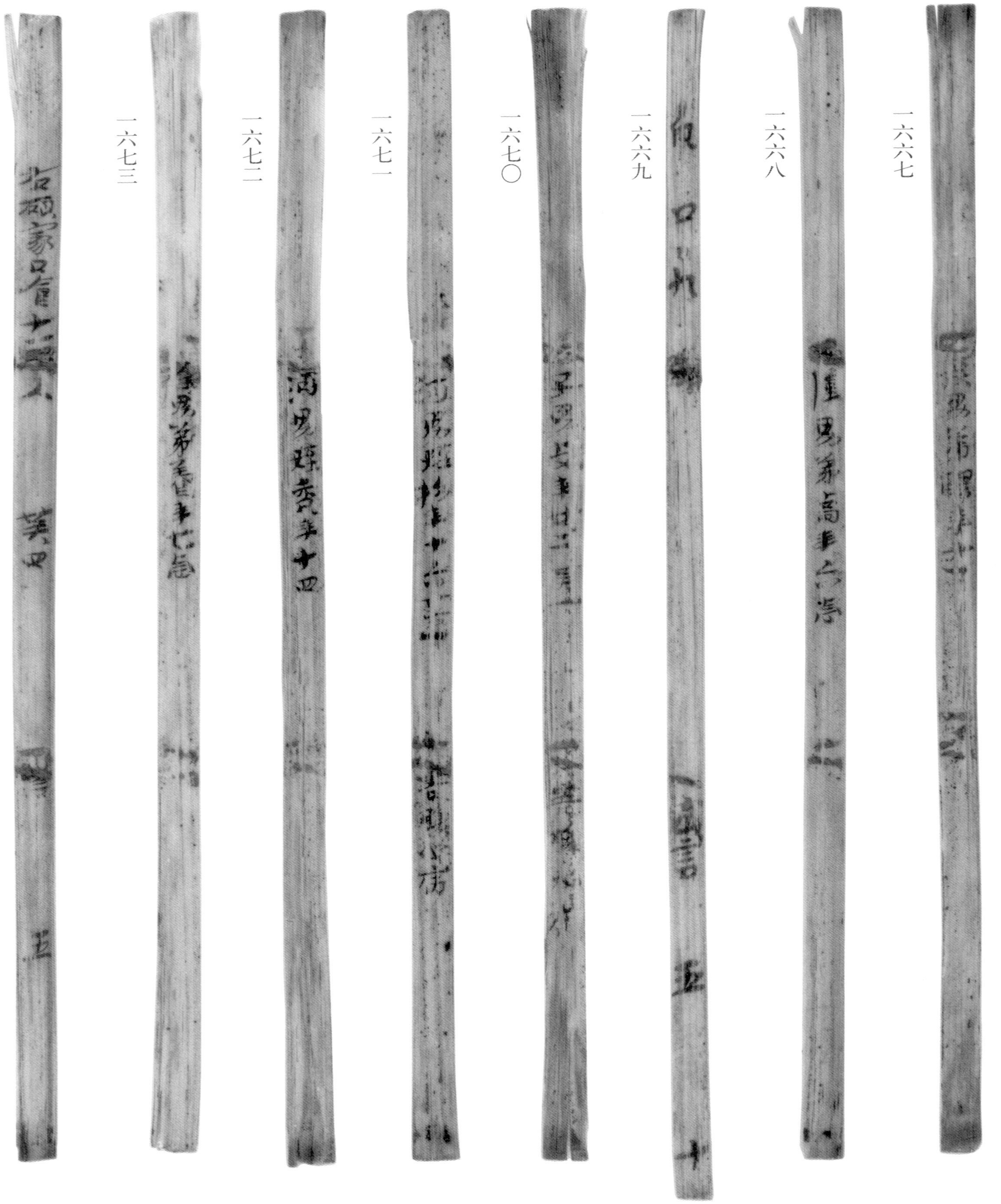

一六六七

一六六八

一六六九

一六七〇

一六七一

一六七二

一六七三

一六七四

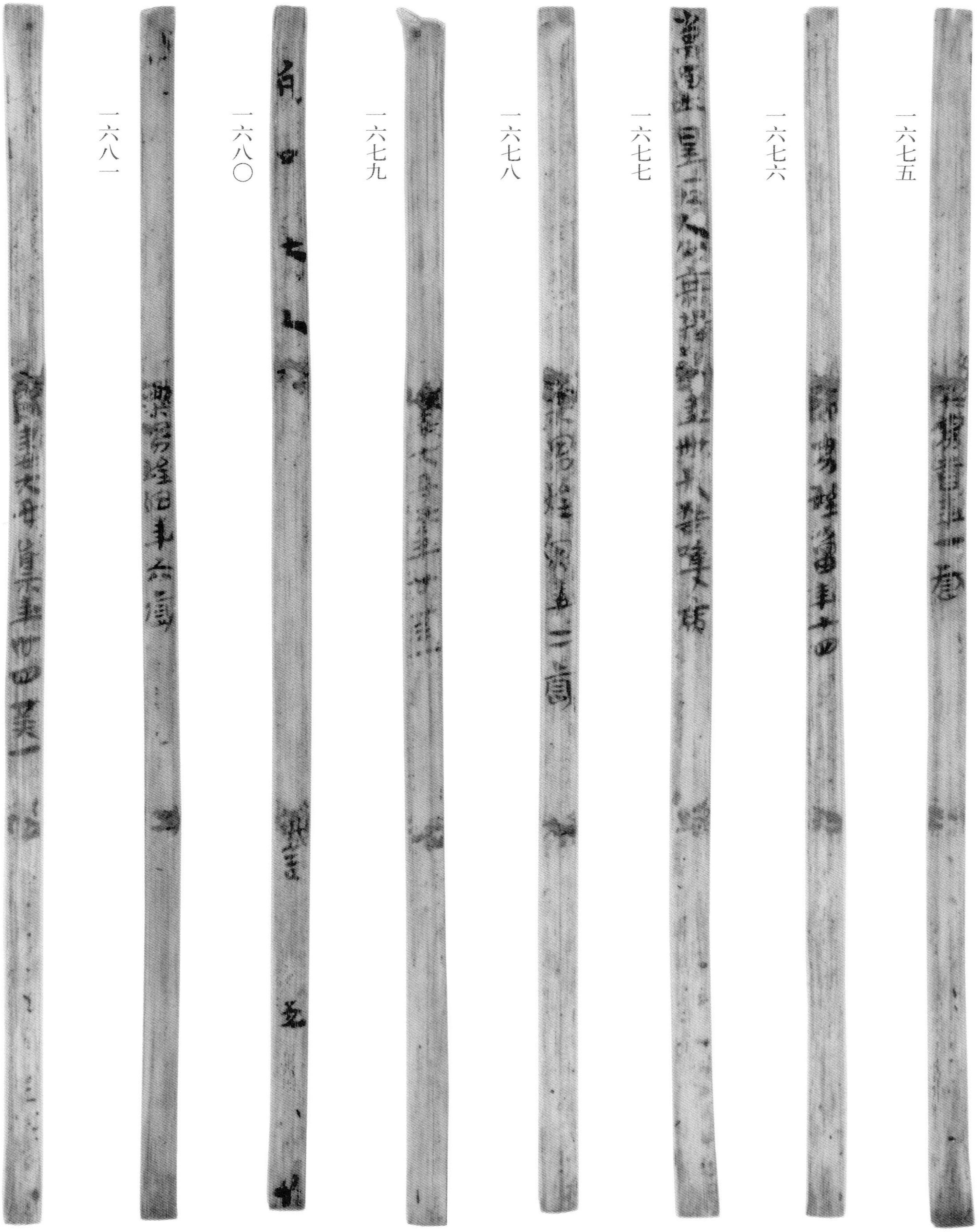

一六七五

一六七六

一六七七

一六七八

一六七九

一六八〇

一六八一

一六八二

一六八三

一六八四

一六八五

一六八六
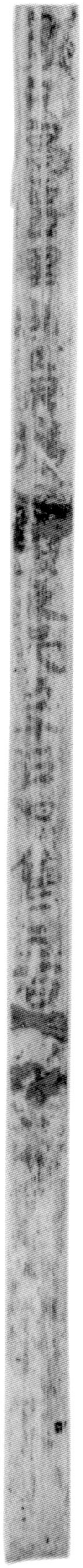

一六八七
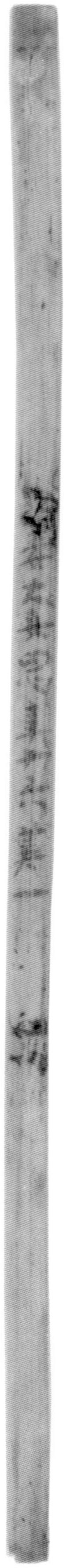

一六八八

一六八九
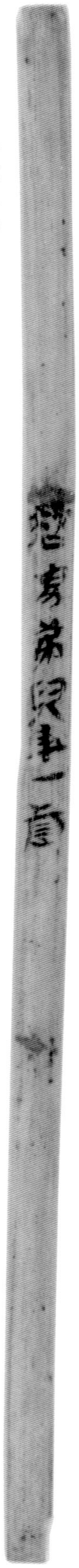

一六九〇
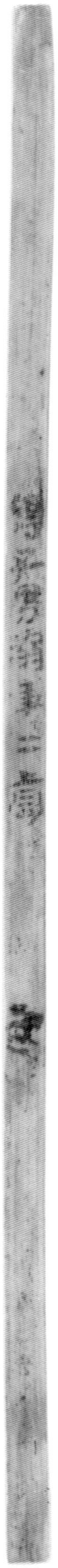

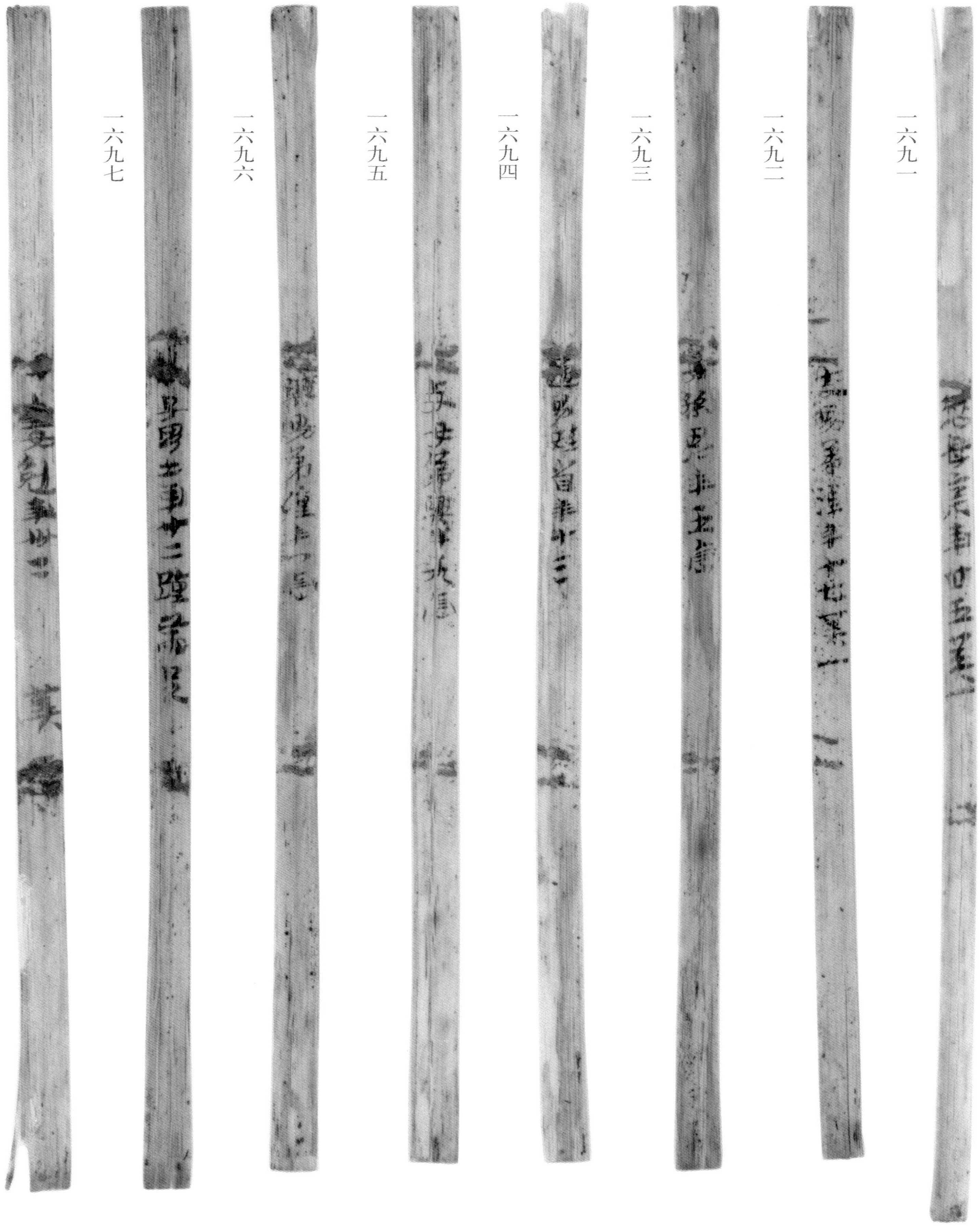

一六九一

一六九二

一六九三

一六九四

一六九五

一六九六

一六九七

一六九八

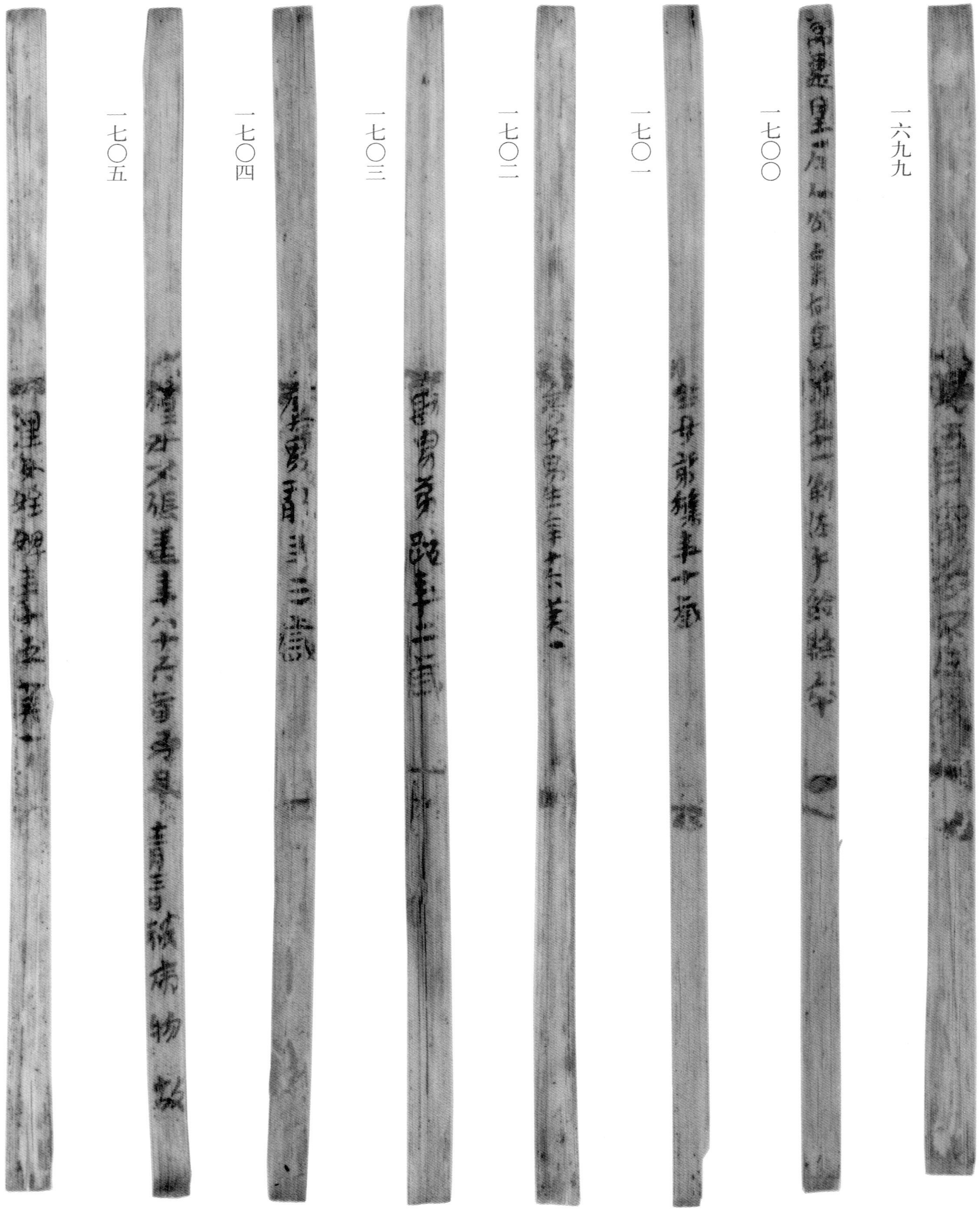

一六九九
一七〇〇
一七〇一
一七〇二
一七〇三
一七〇四
一七〇五
一七〇六

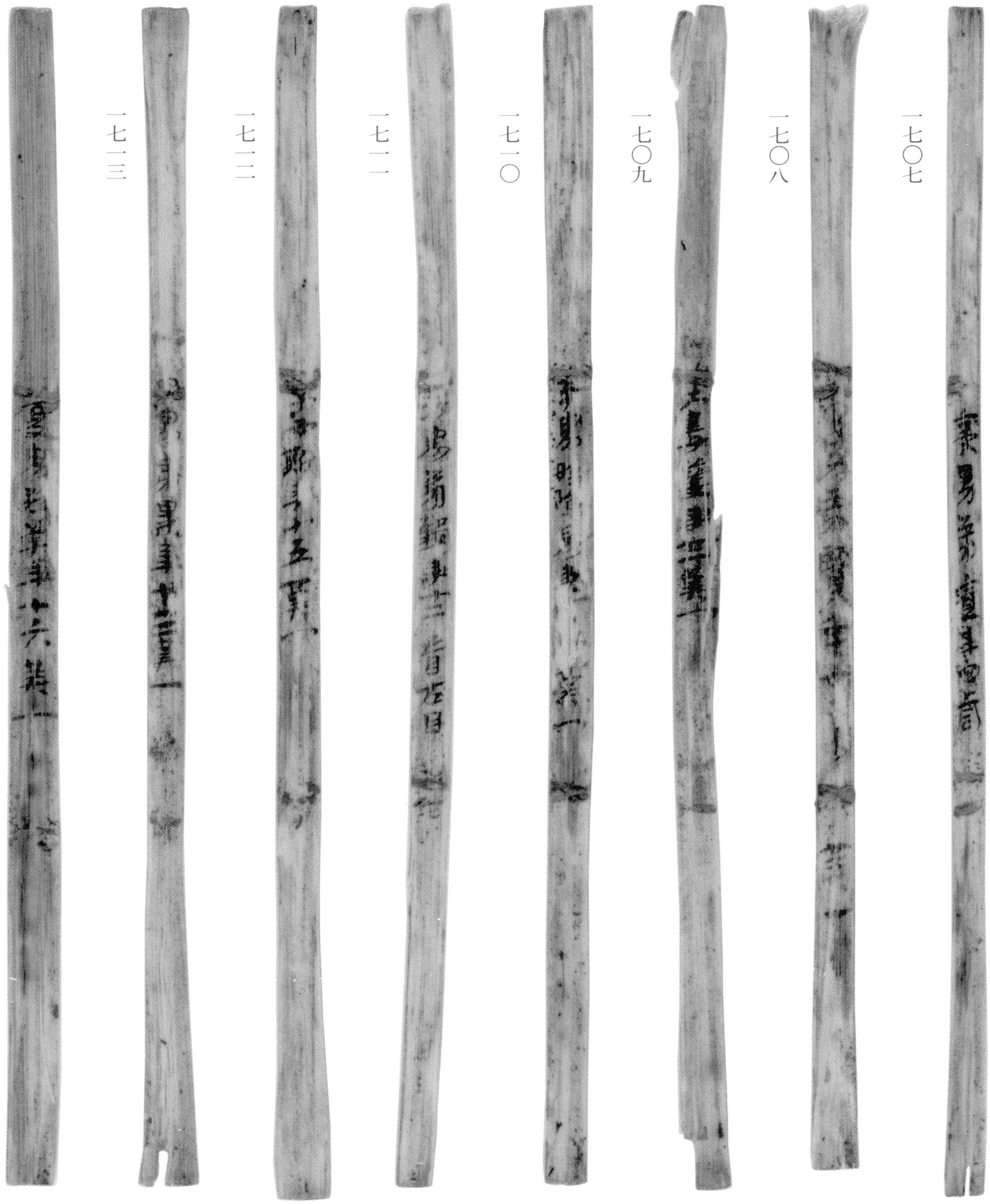

一七〇七

一七〇八

一七〇九

一七一〇

一七一一

一七一二

一七一三

一七一四

一七一五 一七一六 一七一七 一七一八 一七一九 一七二〇 一七二一 一七二二

一七二三　一七二四　一七二五　一七二六　一七二七　一七二八　一七二九　一七三〇

一七三一

一七三二

一七三三

一七三四

一七三五

一七三六

一七三七

一七三八

一七三九
一七四〇
一七四一
一七四二
一七四三
一七四四
一七四五
一七四六

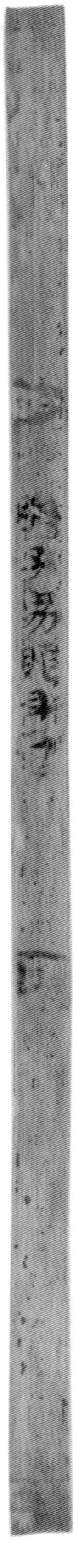
一七四七

一七四八

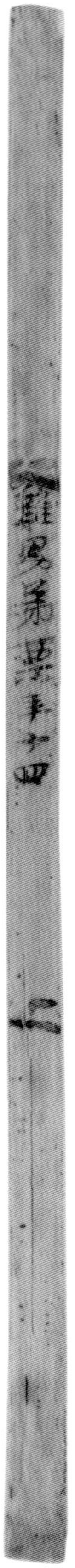
一七四九

一七五〇

一七五一

一七五二

一七五三

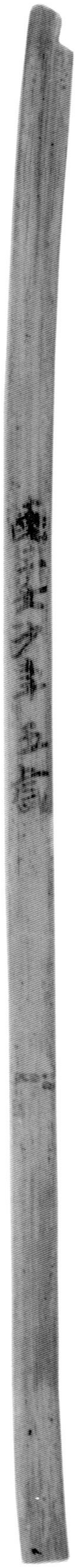
一七五四

一七五五

一七五六

一七五七

一七五八

一七五九

一七六〇

一七六一

一七六二

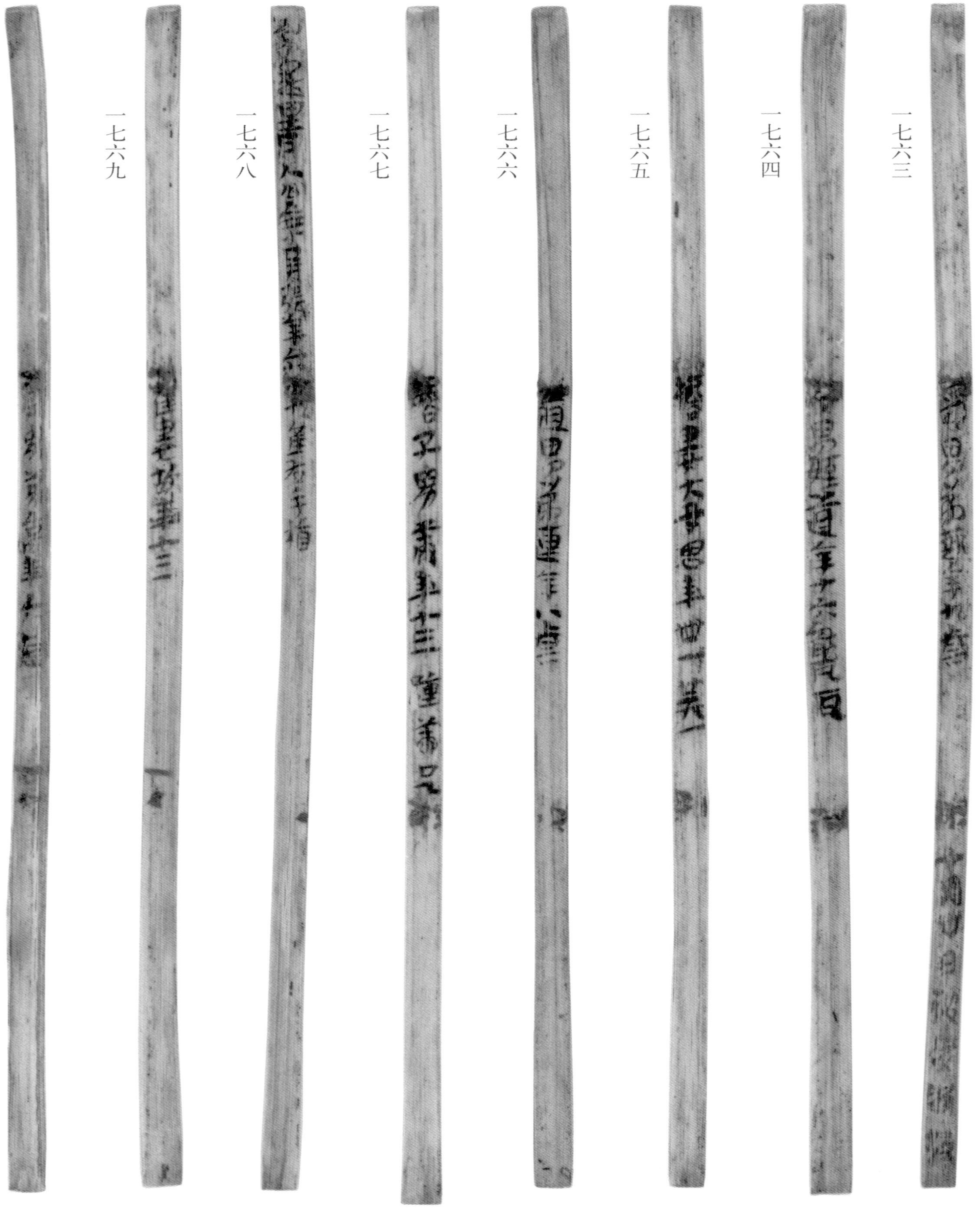

一七六三

一七六四

一七六五

一七六六

一七六七

一七六八

一七六九

一七七〇

一七七八　一七七七　一七七六　一七七五　一七七四　一七七三　一七七二　一七七一

一七七九

一七八〇

一七八一

一七八二

一七八三

一七八四

一七八五

一七八六

一七八七

一七八八

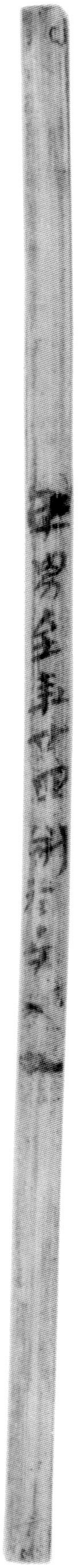

一七八九

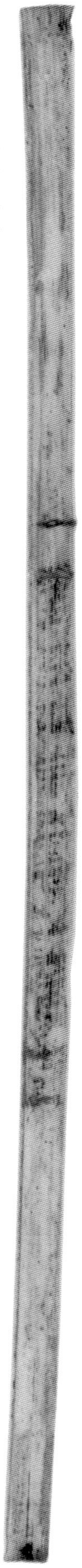

一七九〇

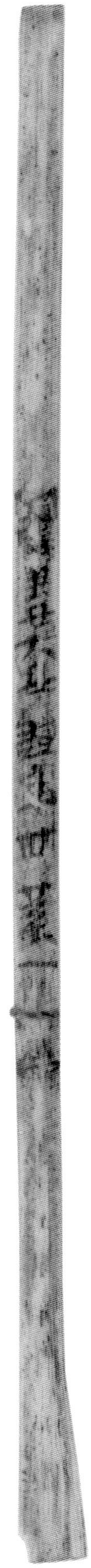

一七九一

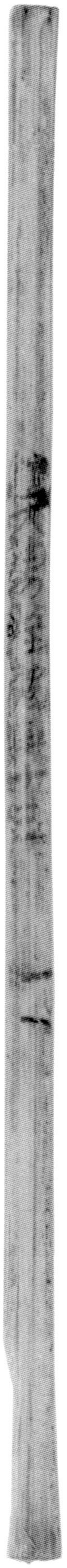

一七九二

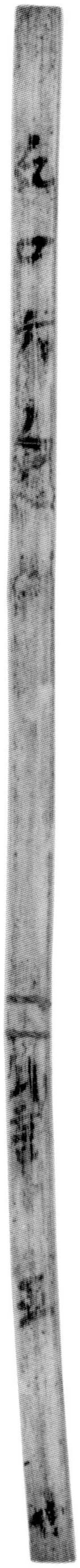

一七九三

一七九四

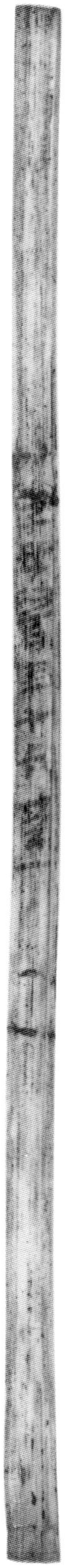

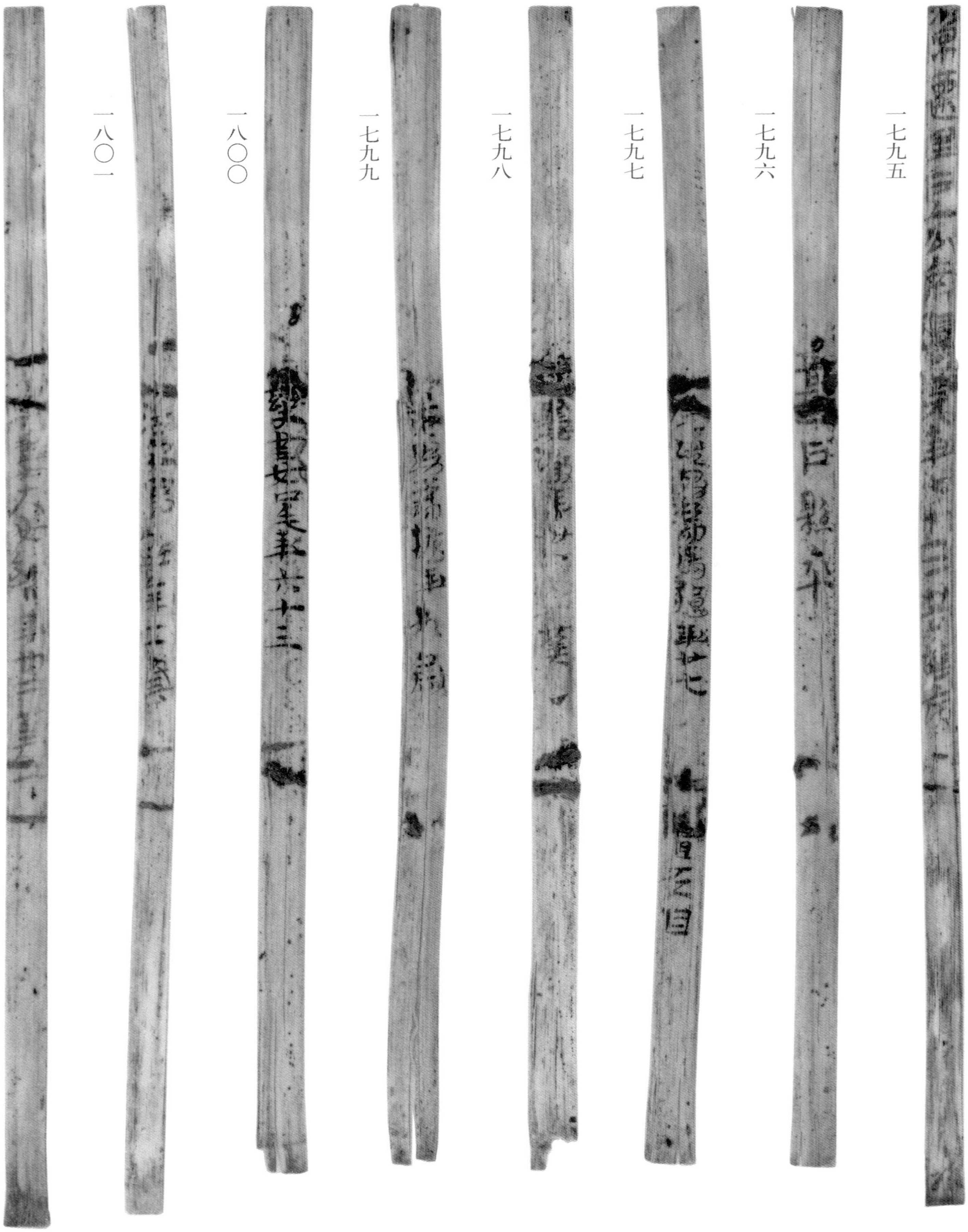

一七九五

一七九六

一七九七

一七九八

一七九九

一八〇〇

一八〇一

一八〇二

一八〇三 一八〇四 一八〇五 一八〇六 一八〇七 一八〇八 一八〇九 一八一〇

一八一一 一八一二 一八一三 一八一四 一八一五 一八一六 一八一七 一八一八

一八一九 一八二〇 一八二一 一八二二 一八二三 一八二四 一八二五 一八二六

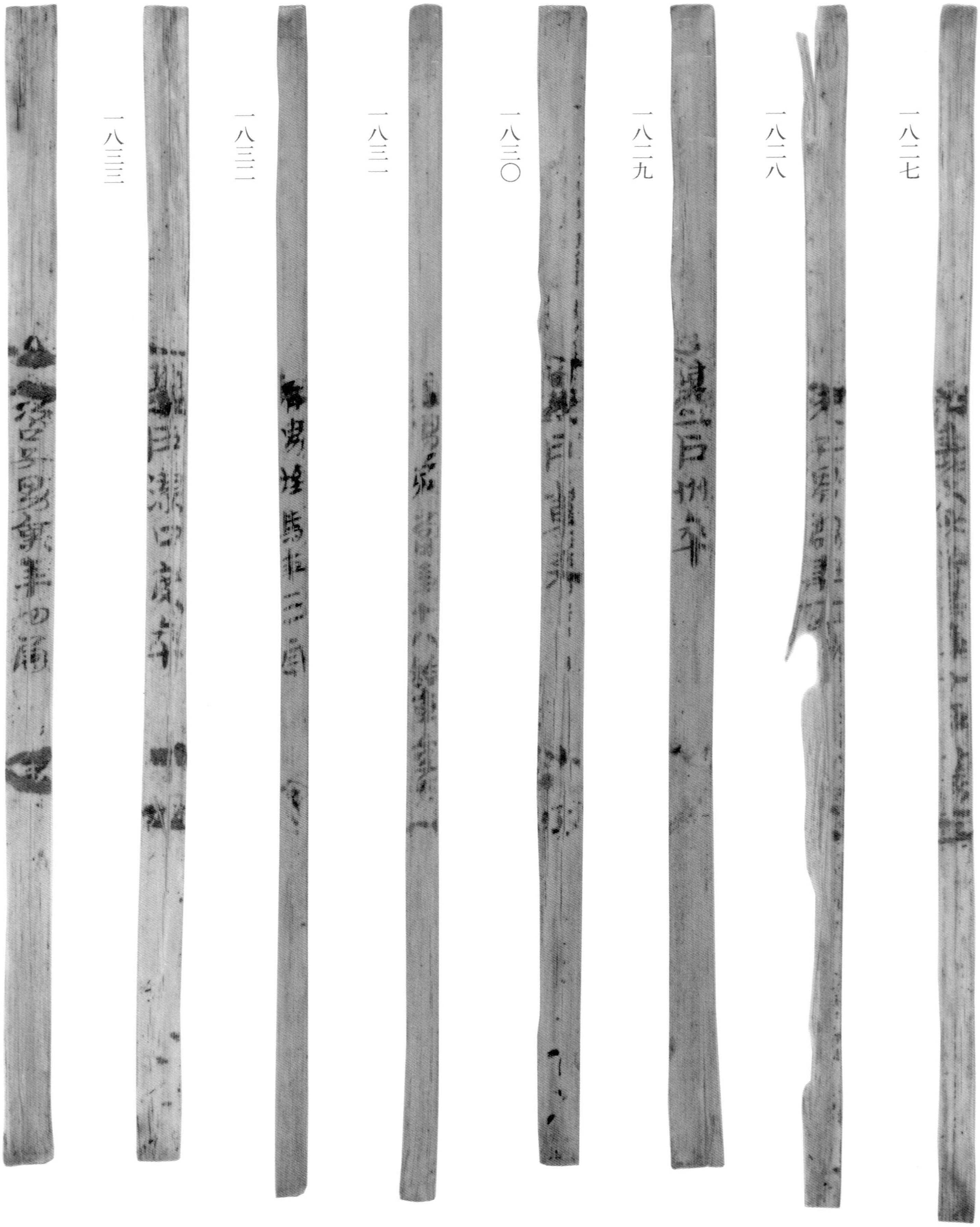

一八二七

一八二八

一八二九

一八三〇

一八三一

一八三二

一八三三

一八三四

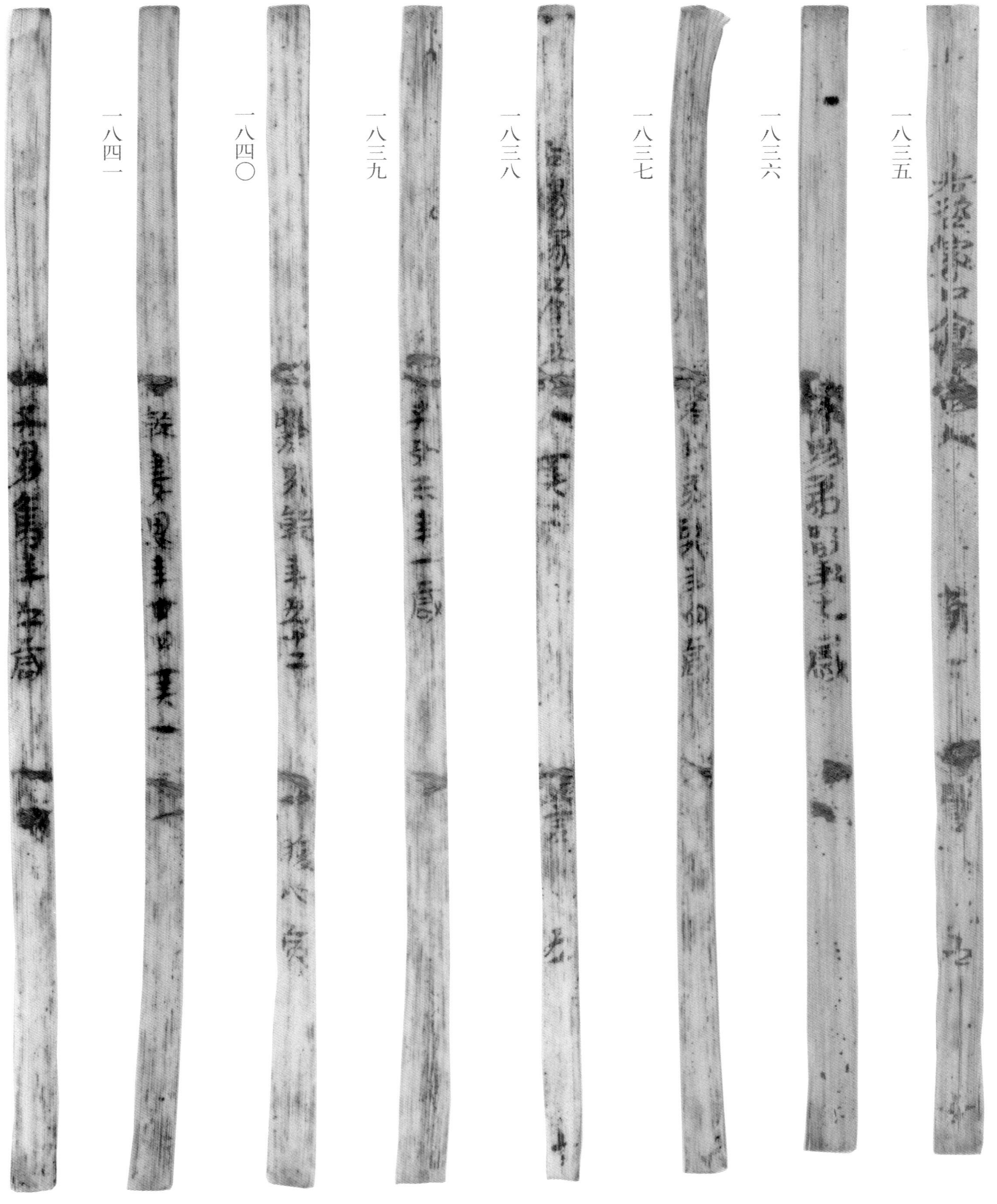

一八三五
一八三六
一八三七
一八三八
一八三九
一八四〇
一八四一
一八四二

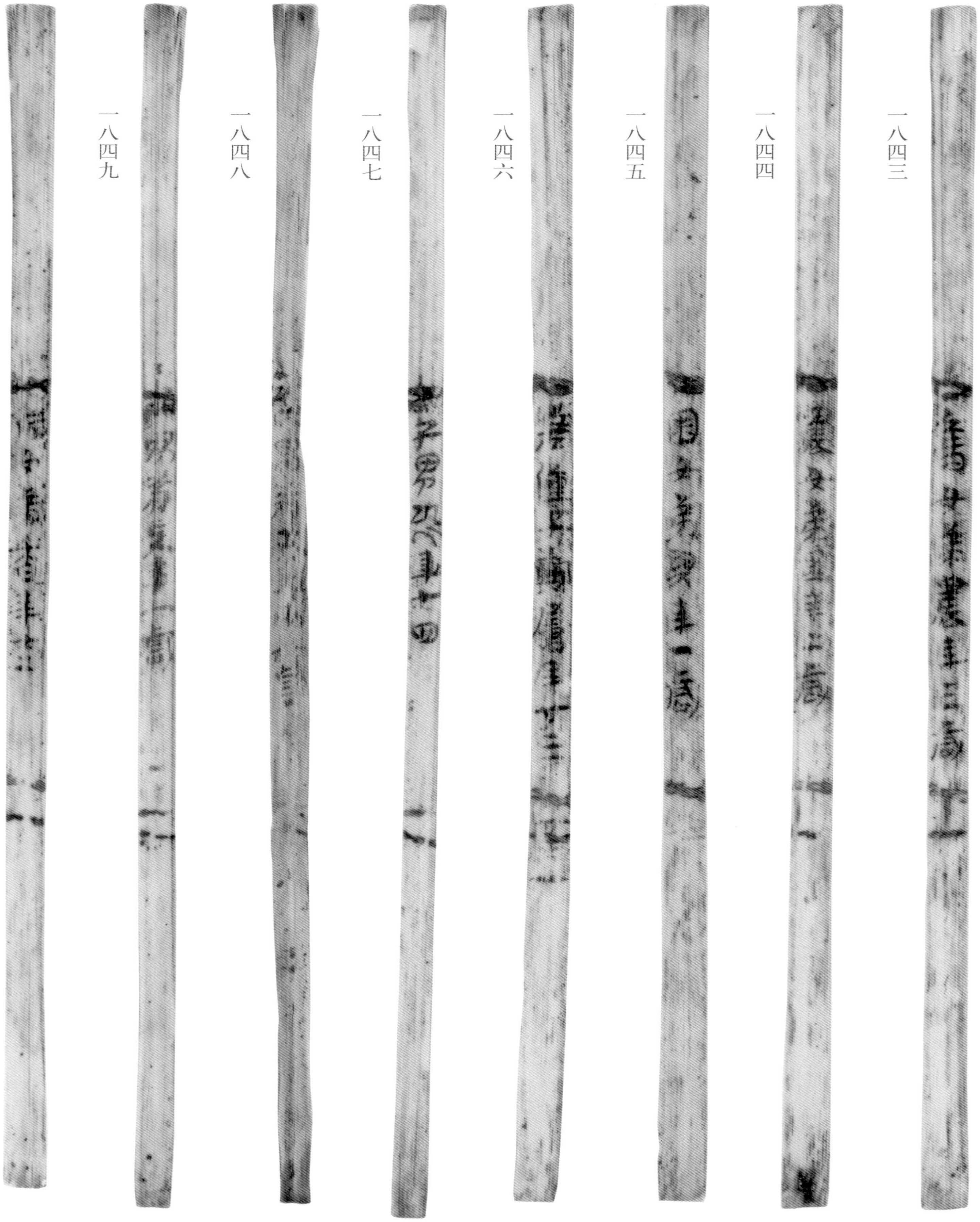

一八四三 一八四四 一八四五 一八四六 一八四七 一八四八 一八四九 一八五〇

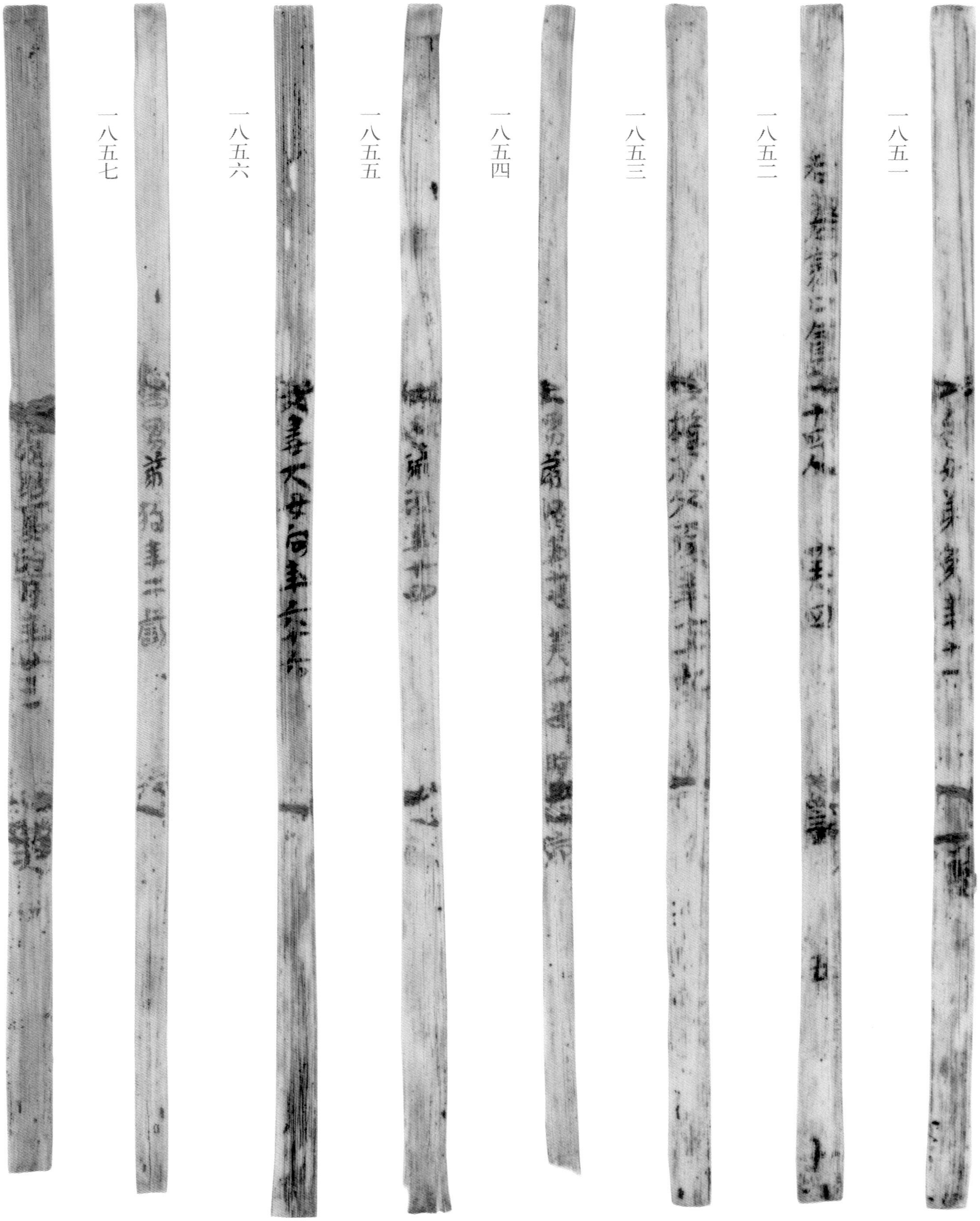

一八五一

一八五二

一八五三

一八五四

一八五五

一八五六

一八五七

一八五八

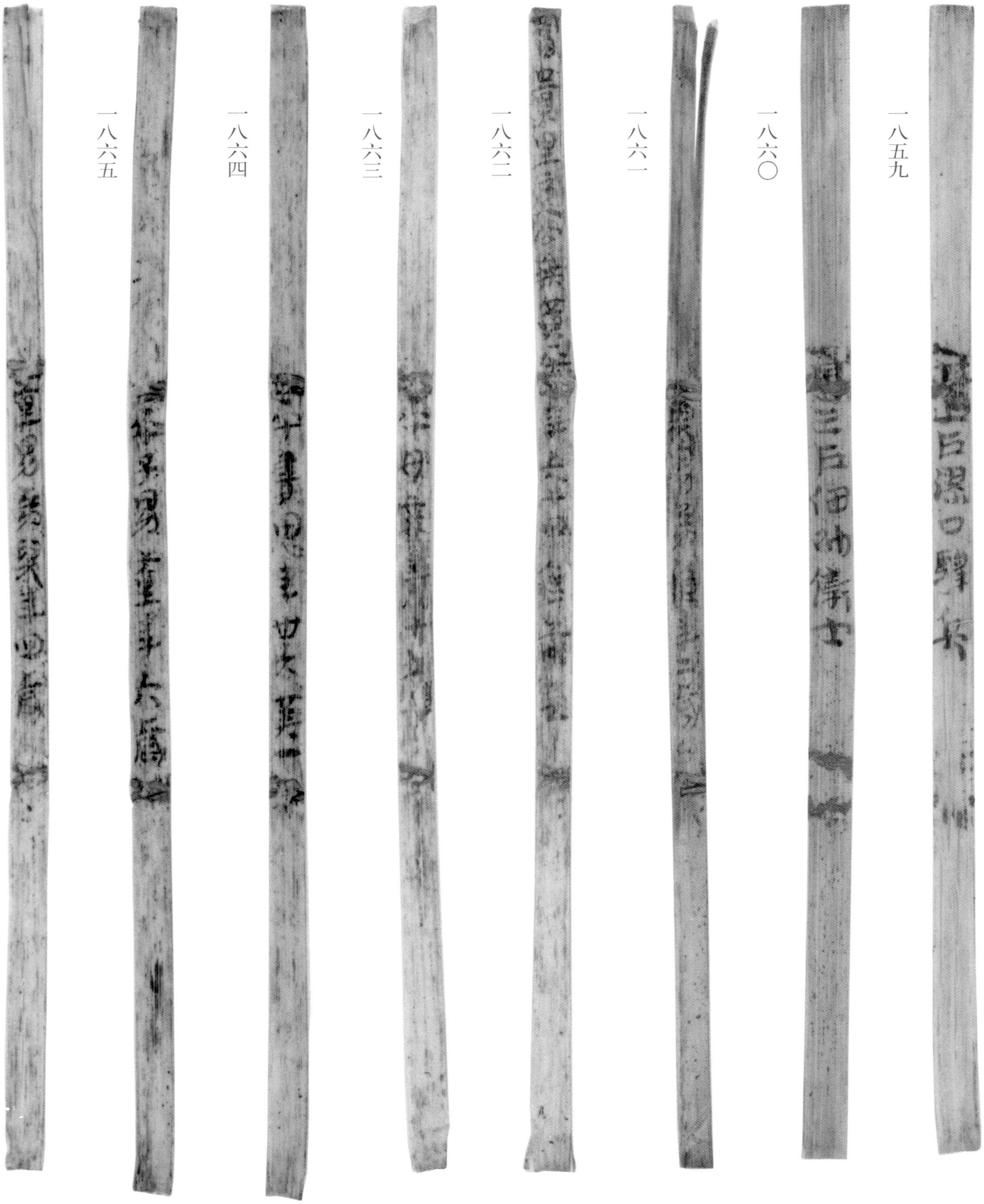

一八五九

一八六〇

一八六一

一八六二

一八六三

一八六四

一八六五

一八六六

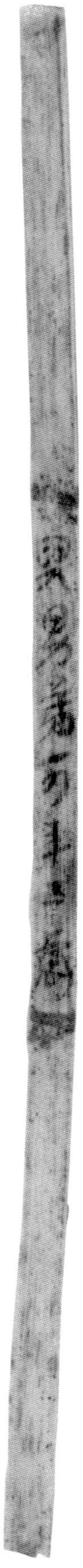
一八六七

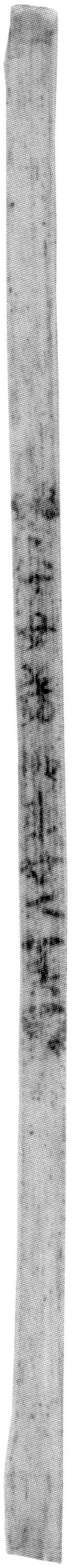
一八六八

一八六九

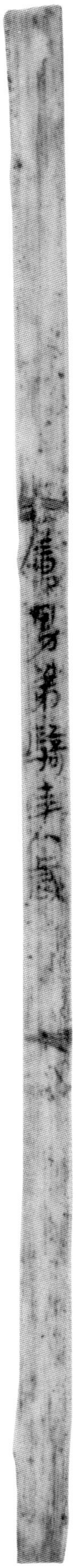
一八七〇

一八七一

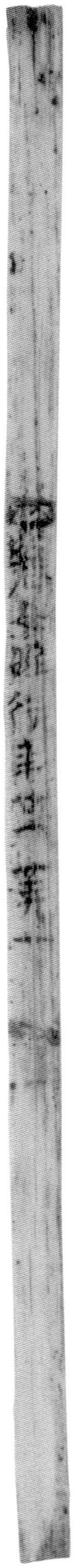
一八七二

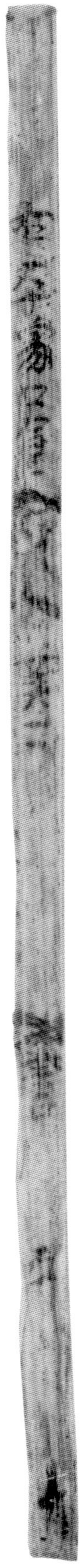
一八七三

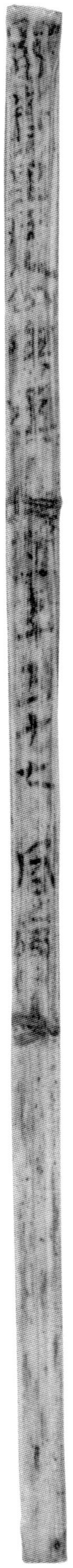
一八七四

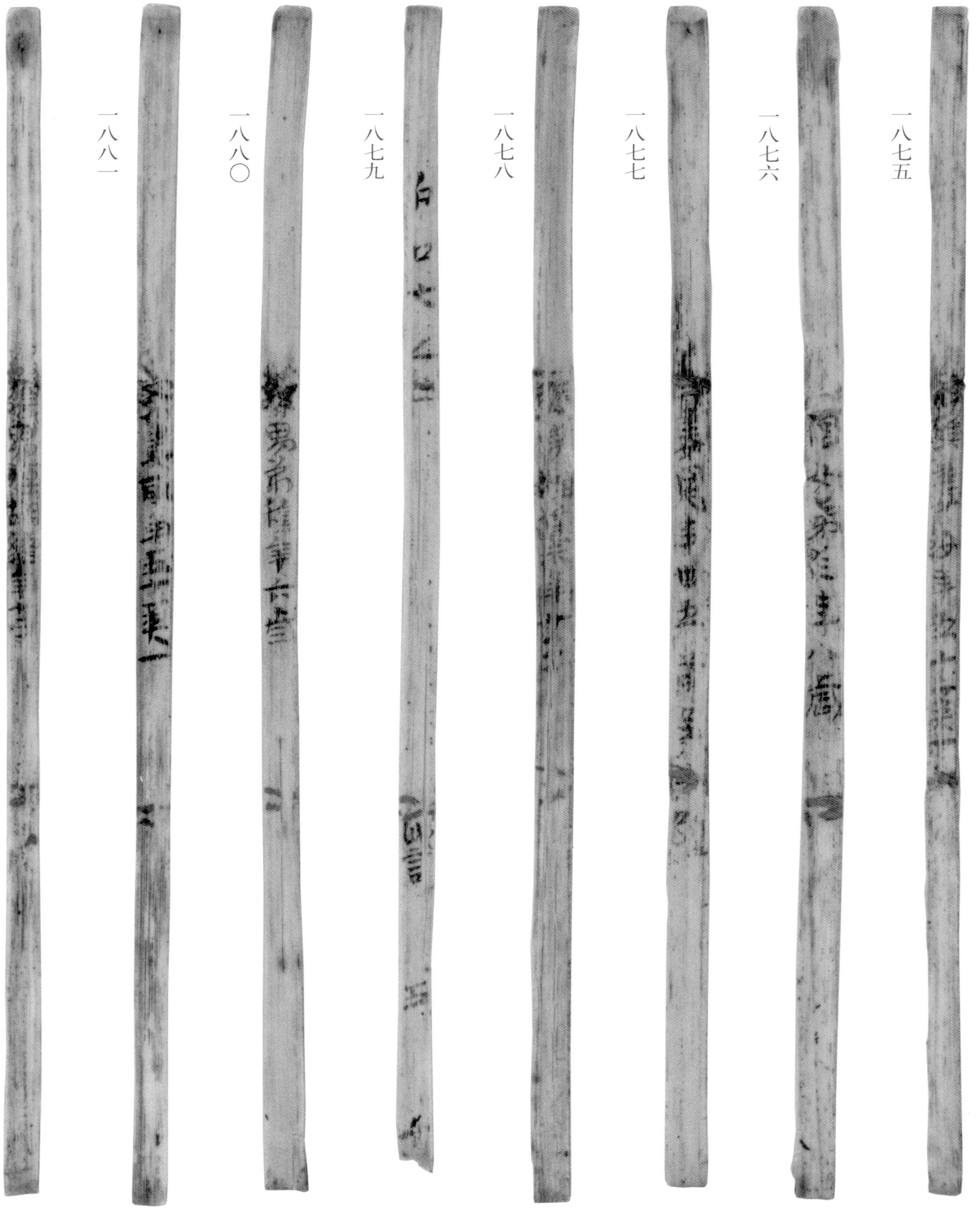

一八七五

一八七六

一八七七

一八七八

一八七九

一八八〇

一八八一

一八八二

一八八三

一八八四

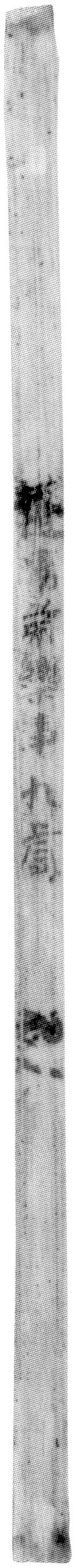

一八八五

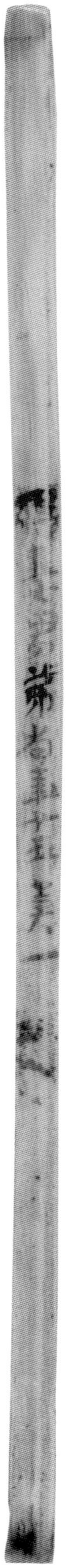

一八八六

一八八七

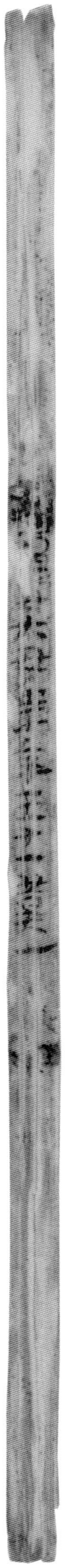

一八八八

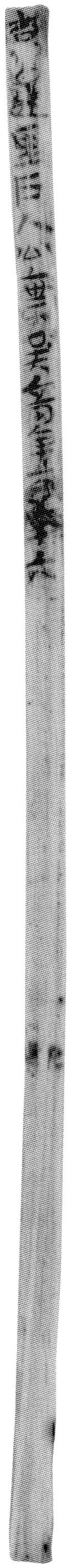

一八八九

一八九〇

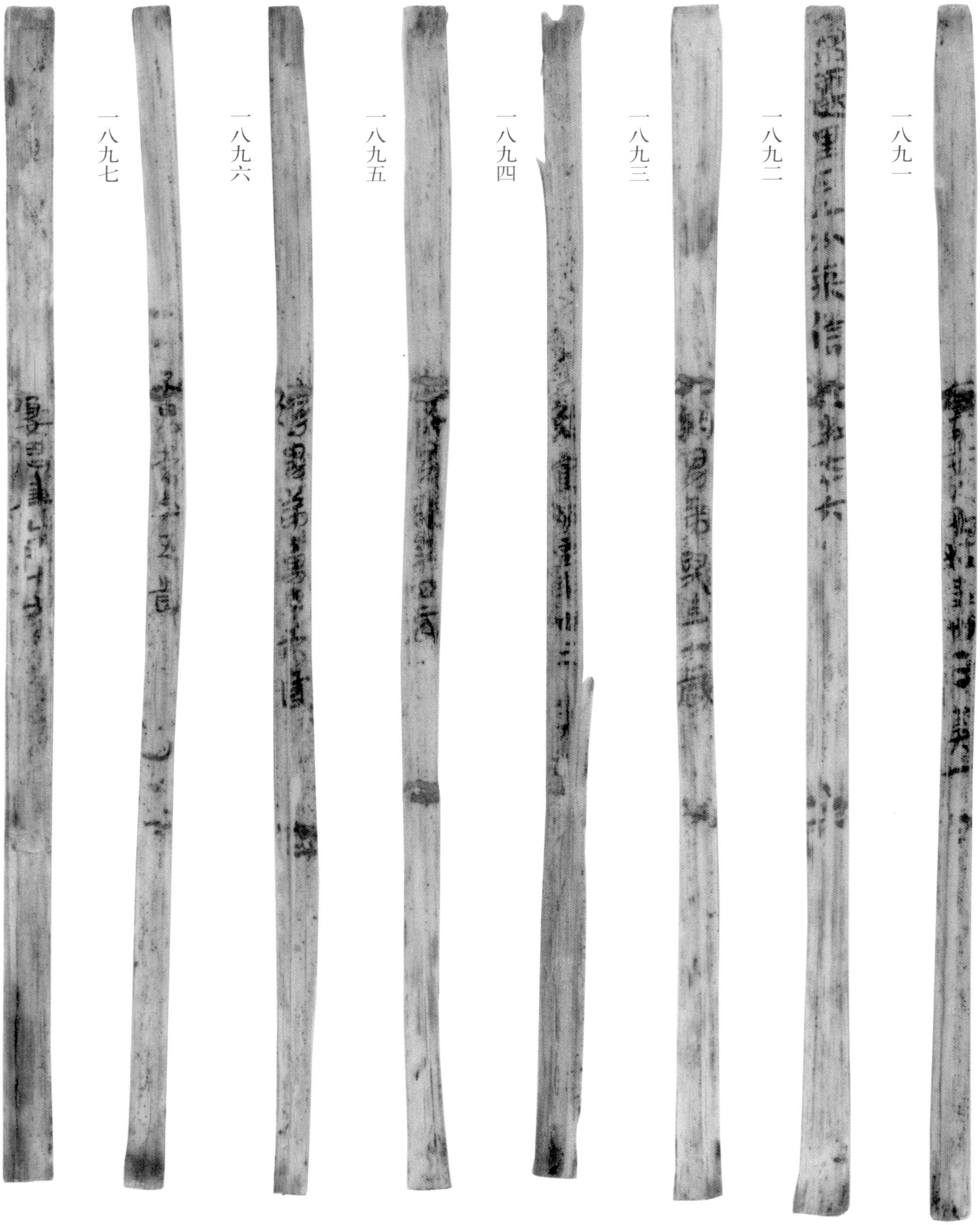

一八九一

一八九二

一八九三

一八九四

一八九五

一八九六

一八九七

一八九八

一八九九

一九〇〇

一九〇一

一九〇二

一九〇三

一九〇四

一九〇五

一九〇六

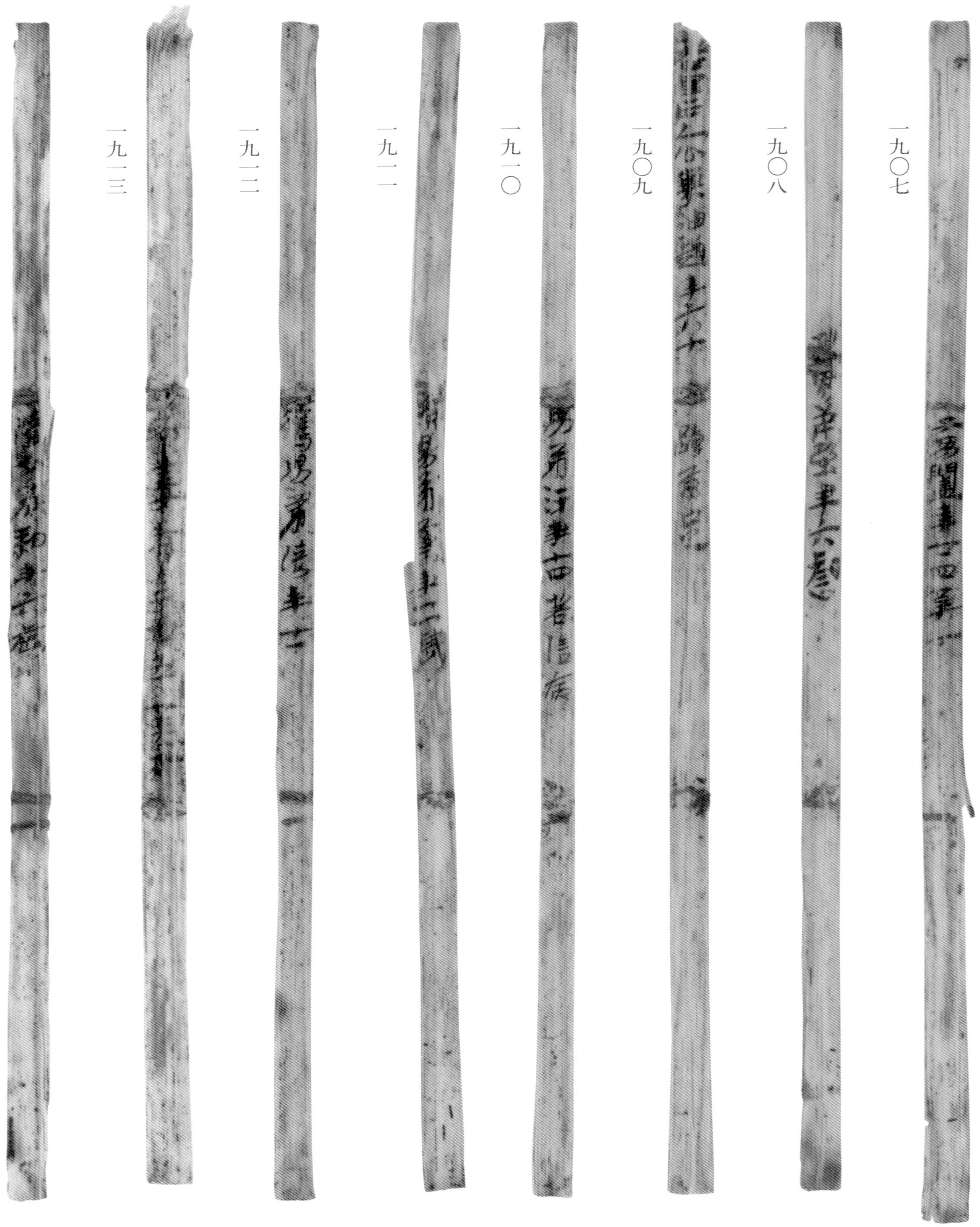

一九〇七　一九〇八　一九〇九　一九一〇　一九一一　一九一二　一九一三　一九一四

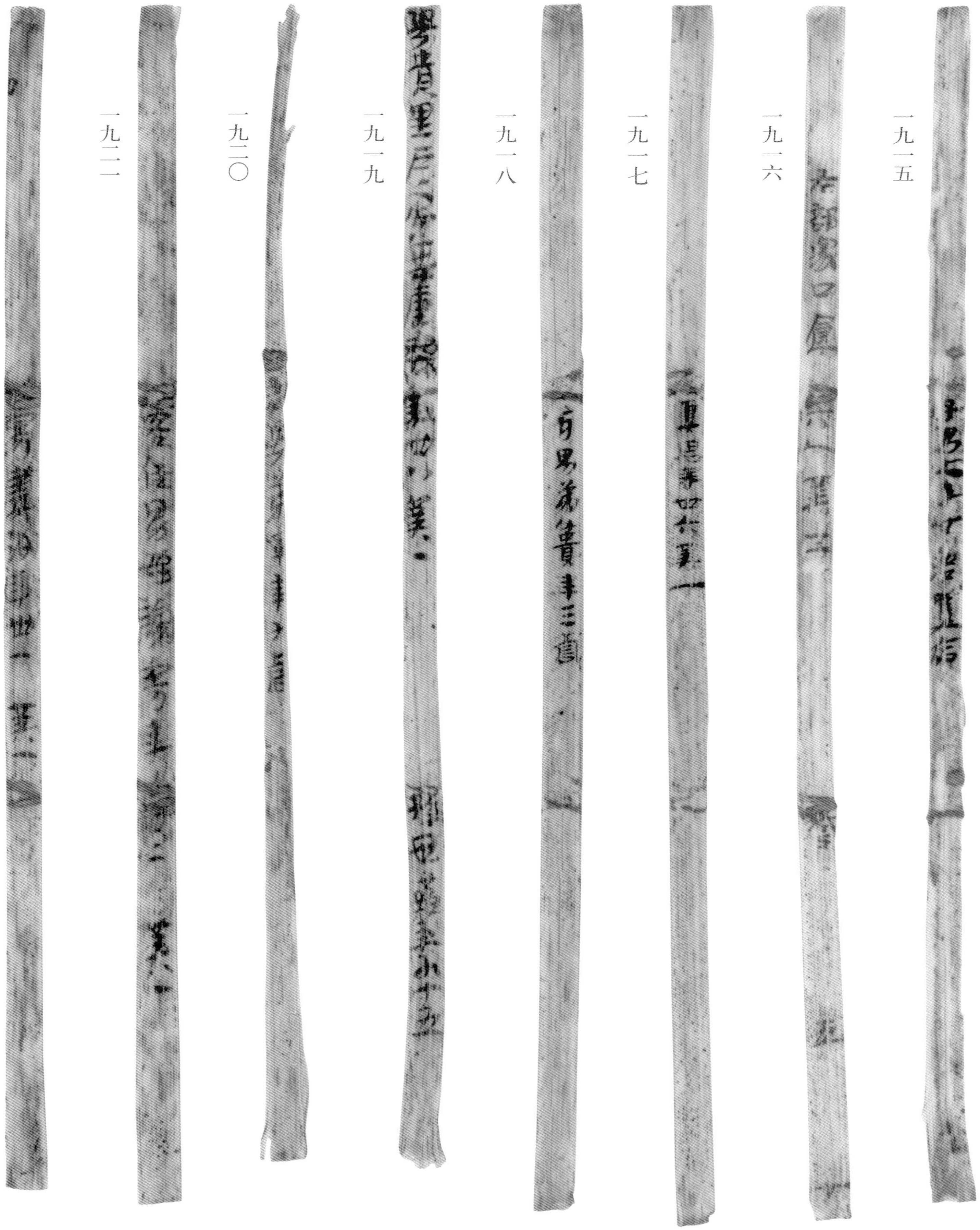

一九一五

一九一六

一九一七

一九一八

一九一九

一九二〇

一九二一

一九二二

一九二三

一九二四

一九二五

一九二六

一九二七

一九二八

一九二九

一九三〇

一九三一

一九三二

一九三三

一九三四

一九三五

一九三六

一九三七

一九三八

一九三九
一九四〇
一九四一
一九四二
一九四三
一九四四
一九四五
一九四六

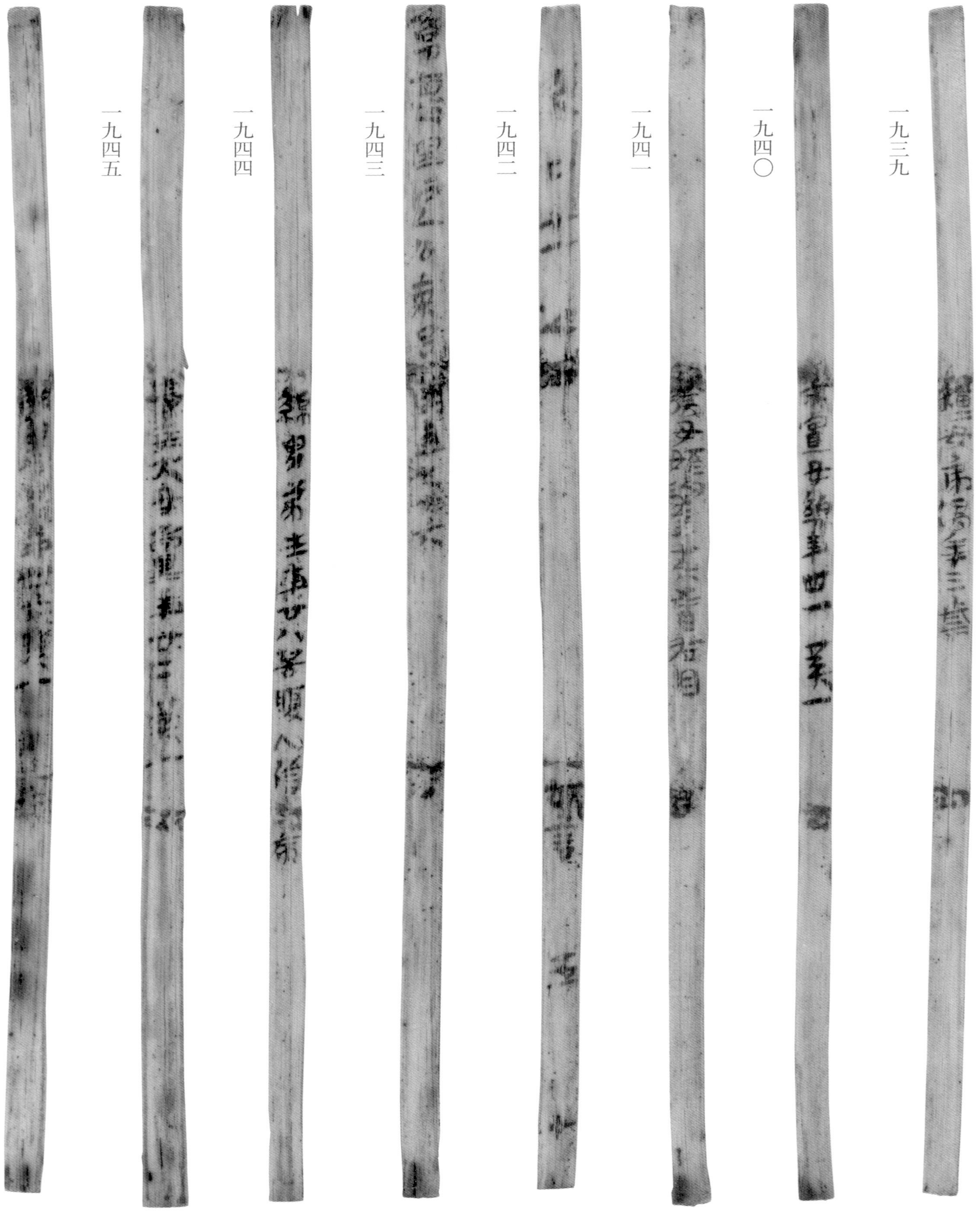

一九四七

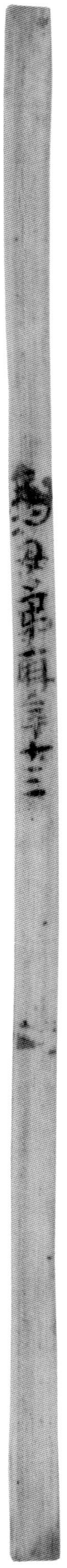

一九四八

一九四九

一九五〇

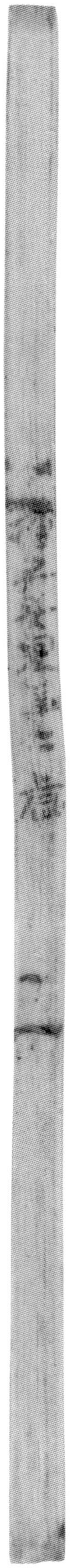

一九五一

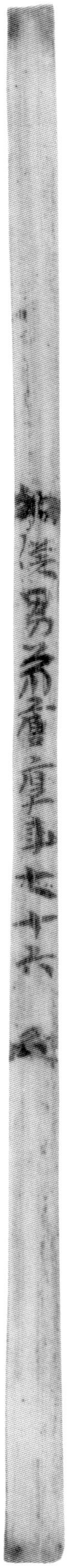

一九五二

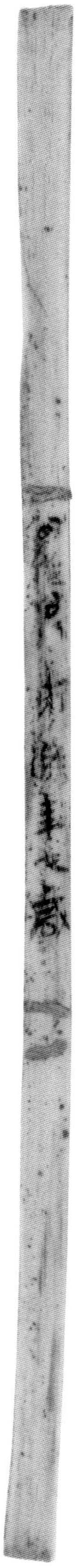

一九五三

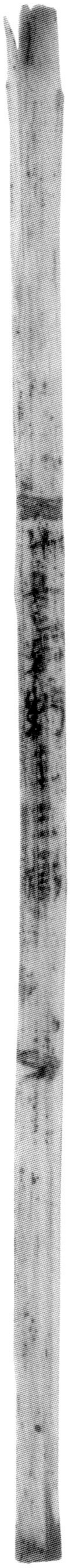

一九五四

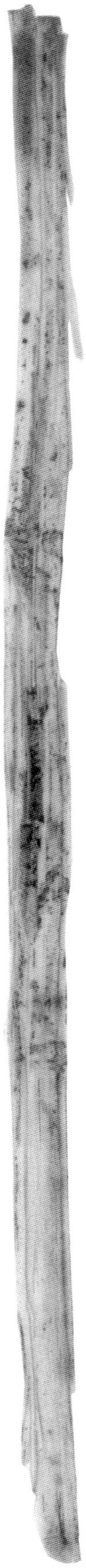

一九五五
一九五六
一九五七
一九五八
一九五九
一九六〇
一九六一
一九六二

一九六三

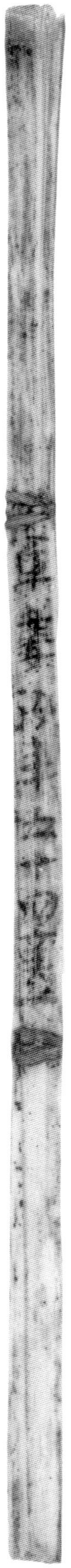

一九六四

一九六五

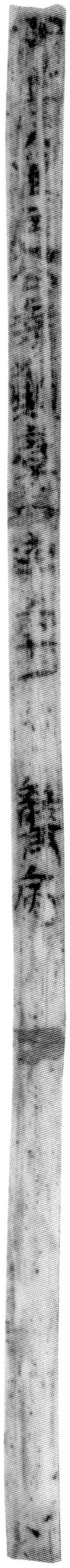

一九六六

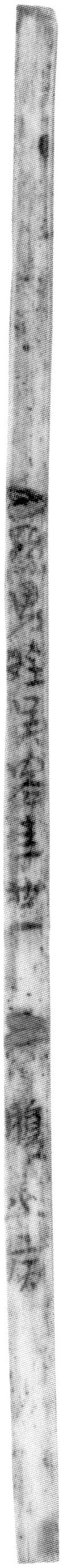

一九六七

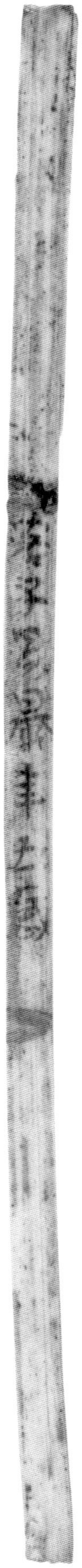

一九六八

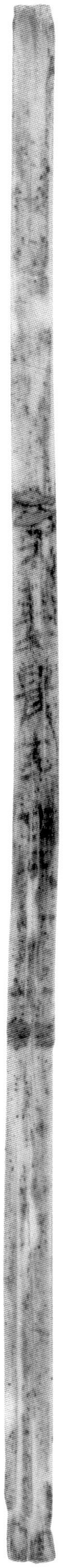

一九六九

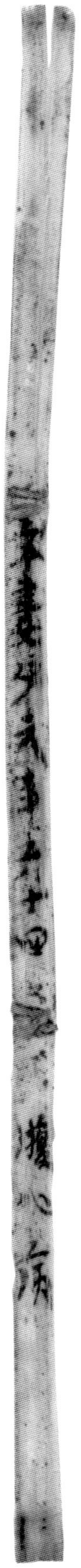

一九七〇

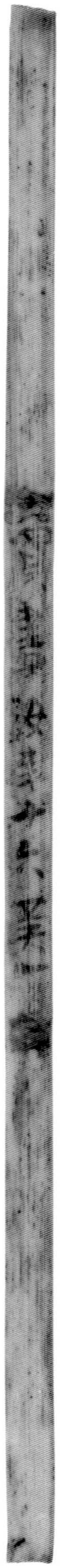
一九七一

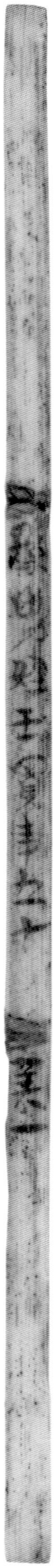
一九七二

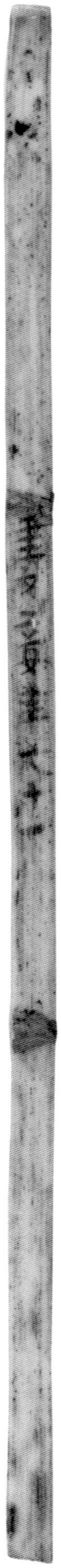
一九七三

一九七四

一九七五

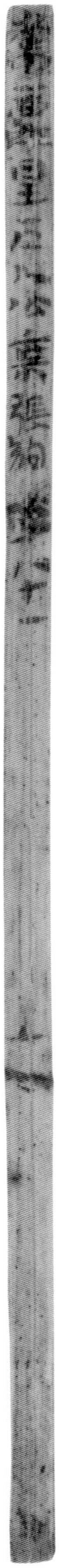
一九七六

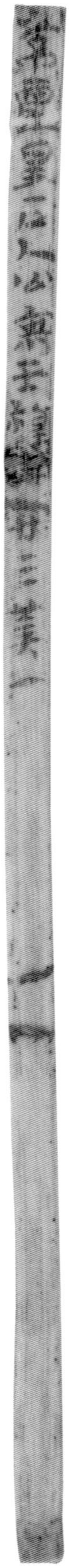
一九七七

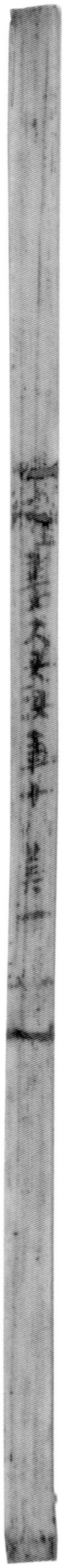
一九七八

一九七九

一九八〇

一九八一

一九八二

一九八三

一九八四

一九八五

一九八六

一九八七
一九八八
一九八九
一九九〇
一九九一
一九九二
一九九三
一九九四

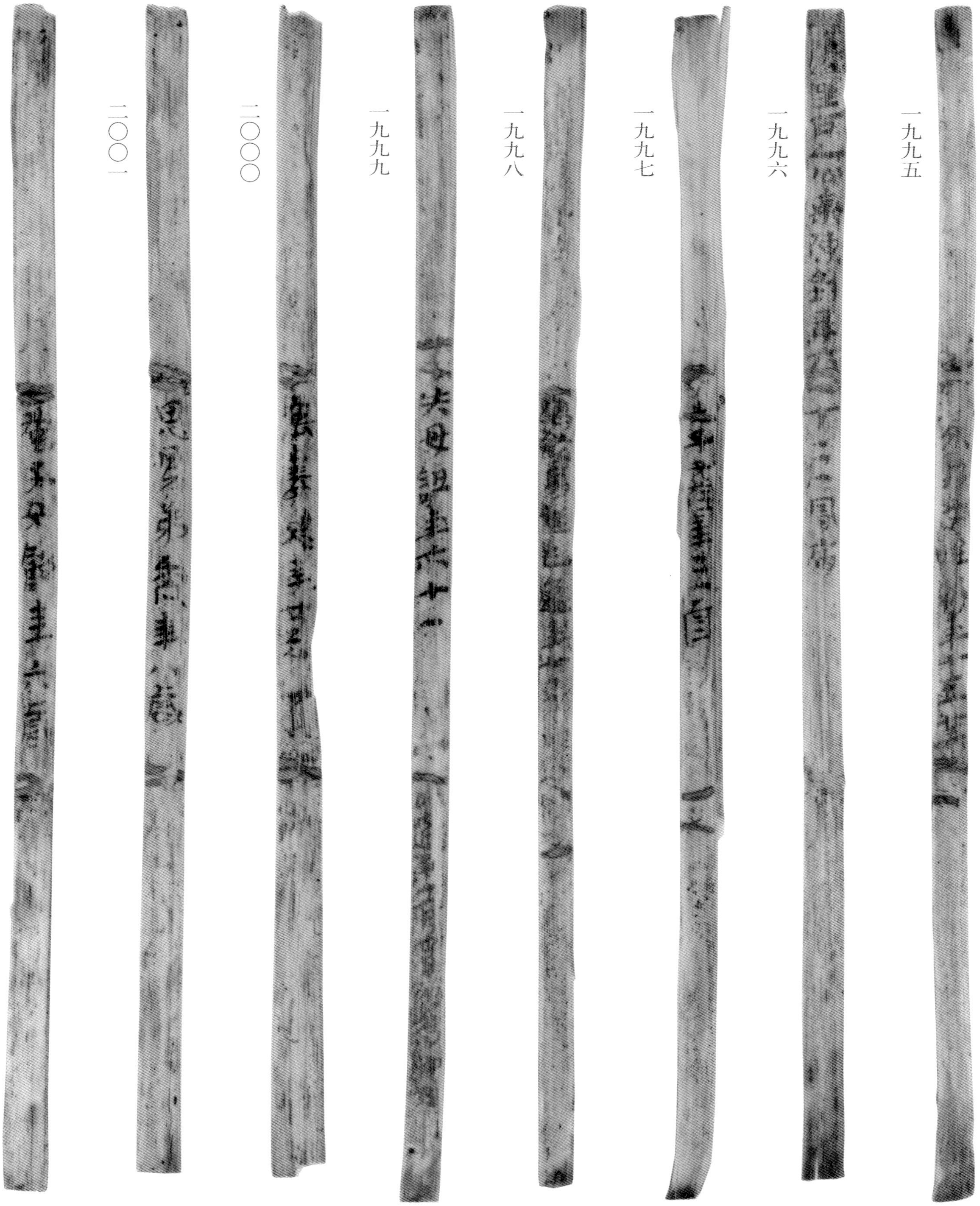

一九九五 一九九六 一九九七 一九九八 一九九九 二〇〇〇 二〇〇一 二〇〇二

二〇〇三

二〇〇四

二〇〇五

二〇〇六

二〇〇七

二〇〇八

二〇〇九

二〇一〇

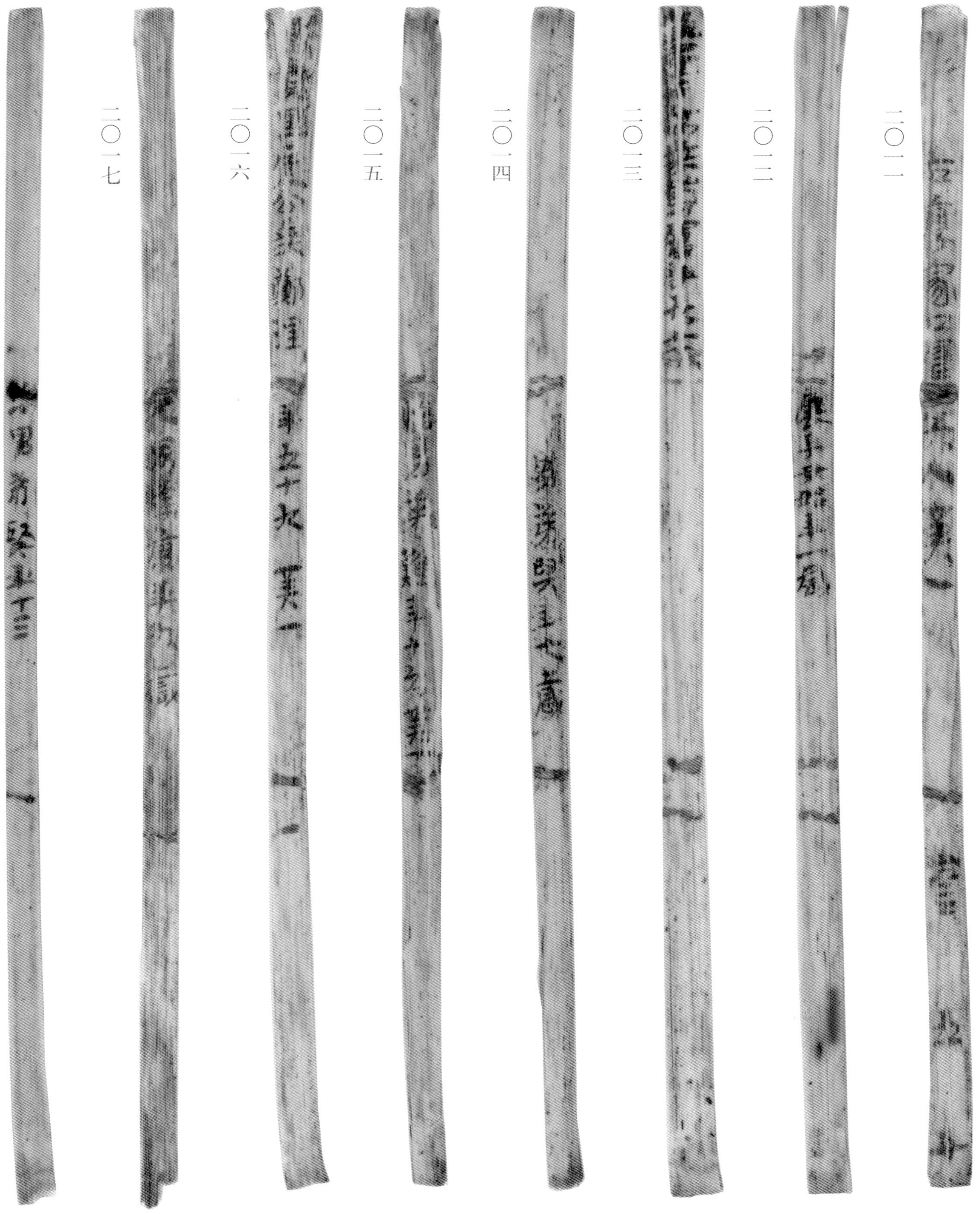

二〇一一

二〇一二

二〇一三

二〇一四

二〇一五

二〇一六

二〇一七

二〇一八

二〇一九

二〇二〇

二〇二一

二〇二二

二〇二三

二〇二四

二〇二五

二〇二六

二〇二七

二〇二八

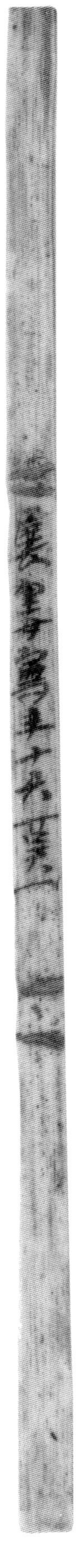

二〇二九

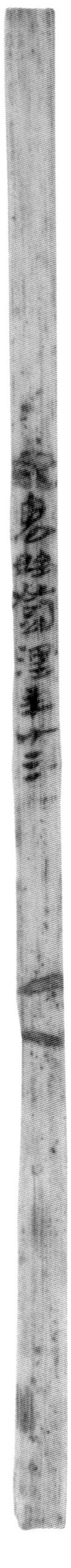

二〇三〇

二〇三一

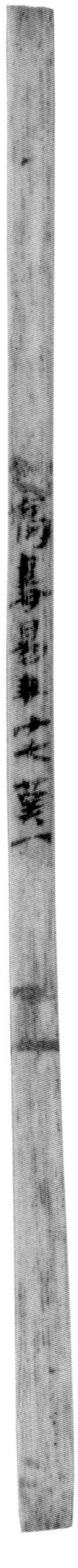

二〇三二

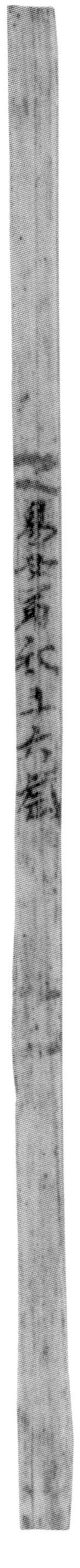

二〇三三

二〇三四

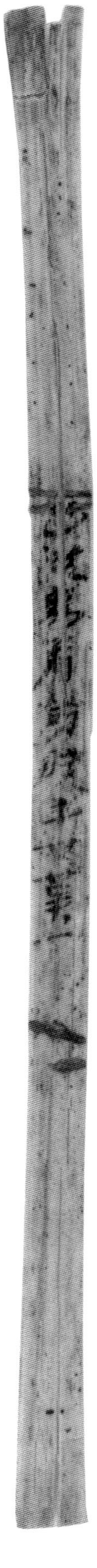

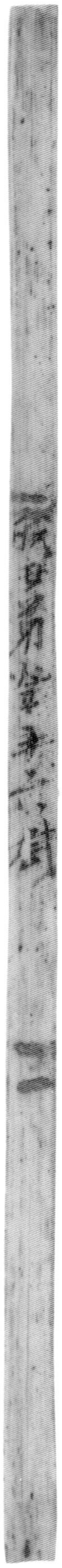

二〇三五

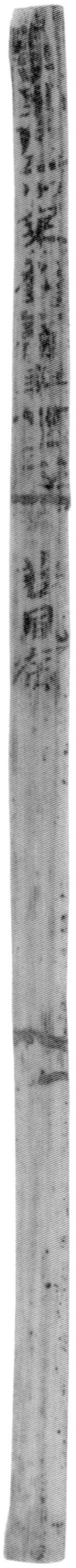

二〇三六

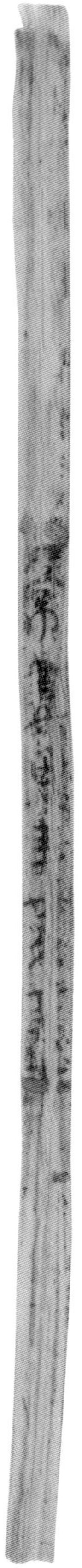

二〇三七

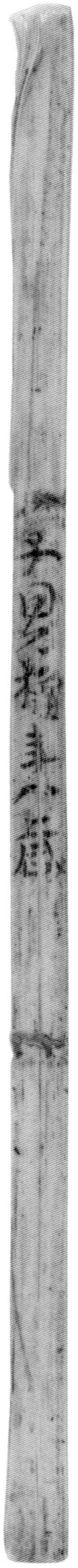

二〇三八

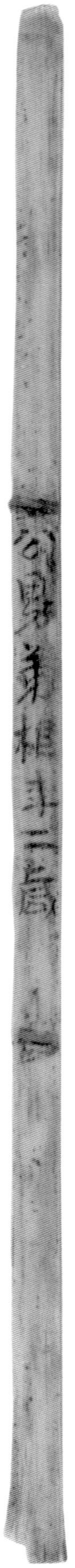

二〇三九

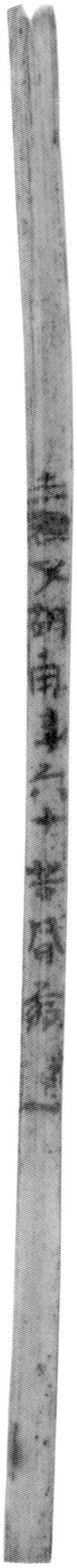

二〇四〇

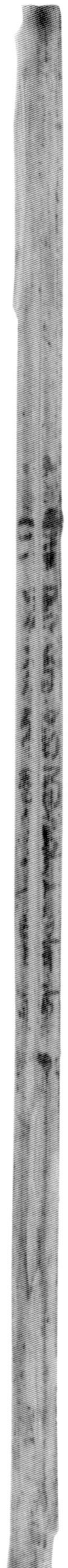

二〇四一

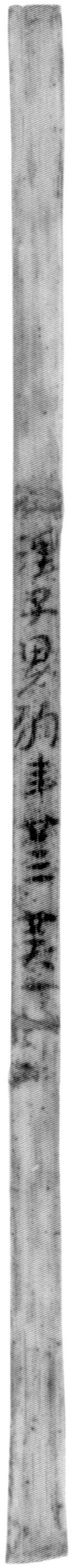

二〇四二

二〇四三

二〇四四

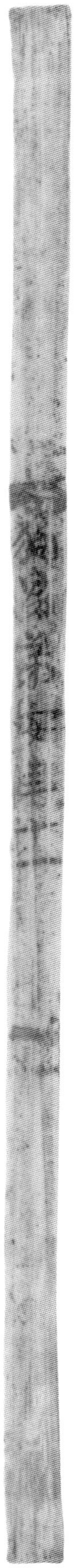

二〇四五

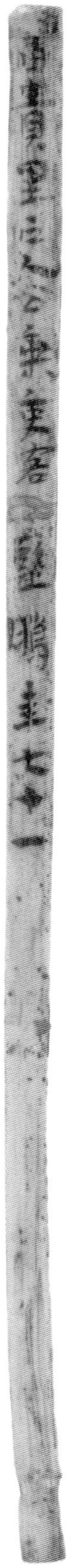

二〇四六

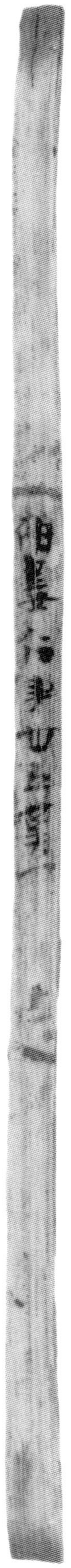

二〇四七

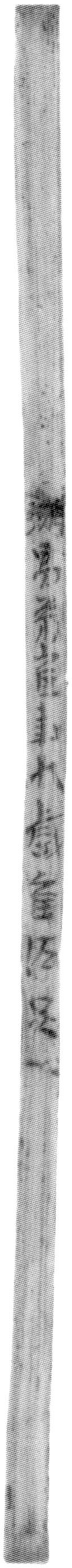

二〇四八

二〇四九

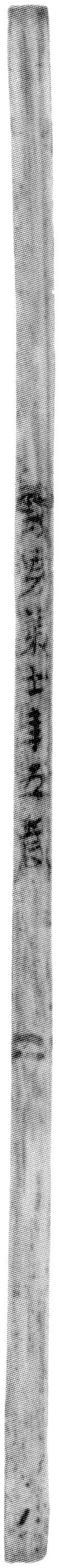

二〇五〇

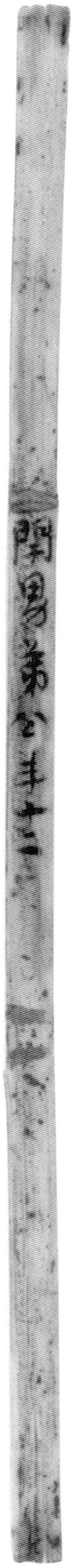

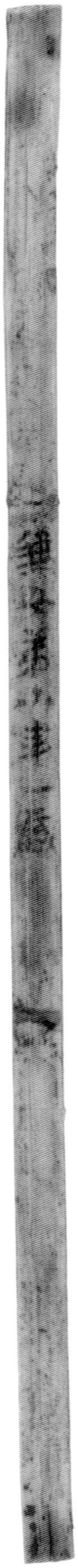

二〇五一

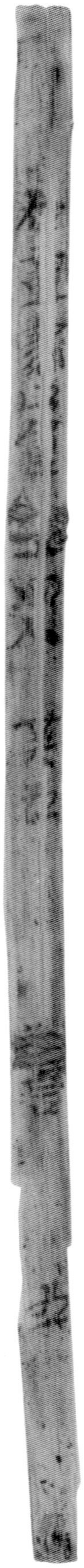

二〇五二

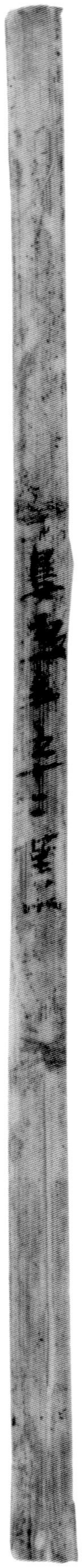

二〇五三

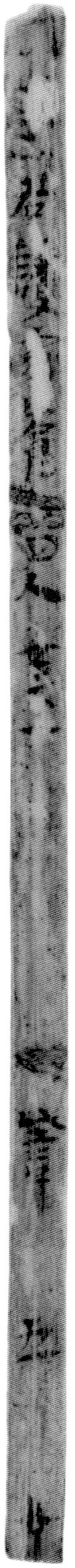

二〇五四

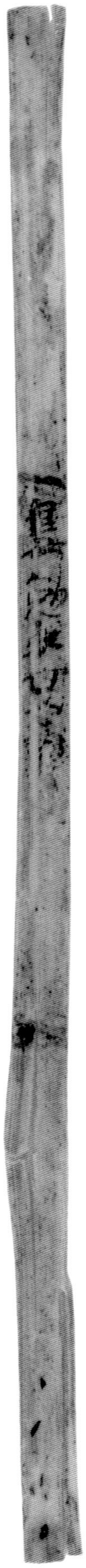

二〇五五

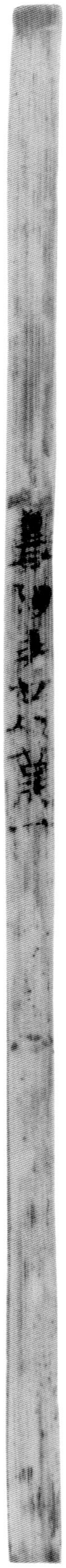

二〇五六

二〇五七

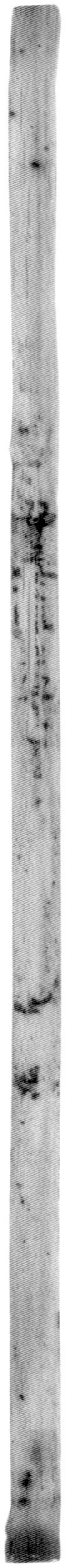

二〇五八

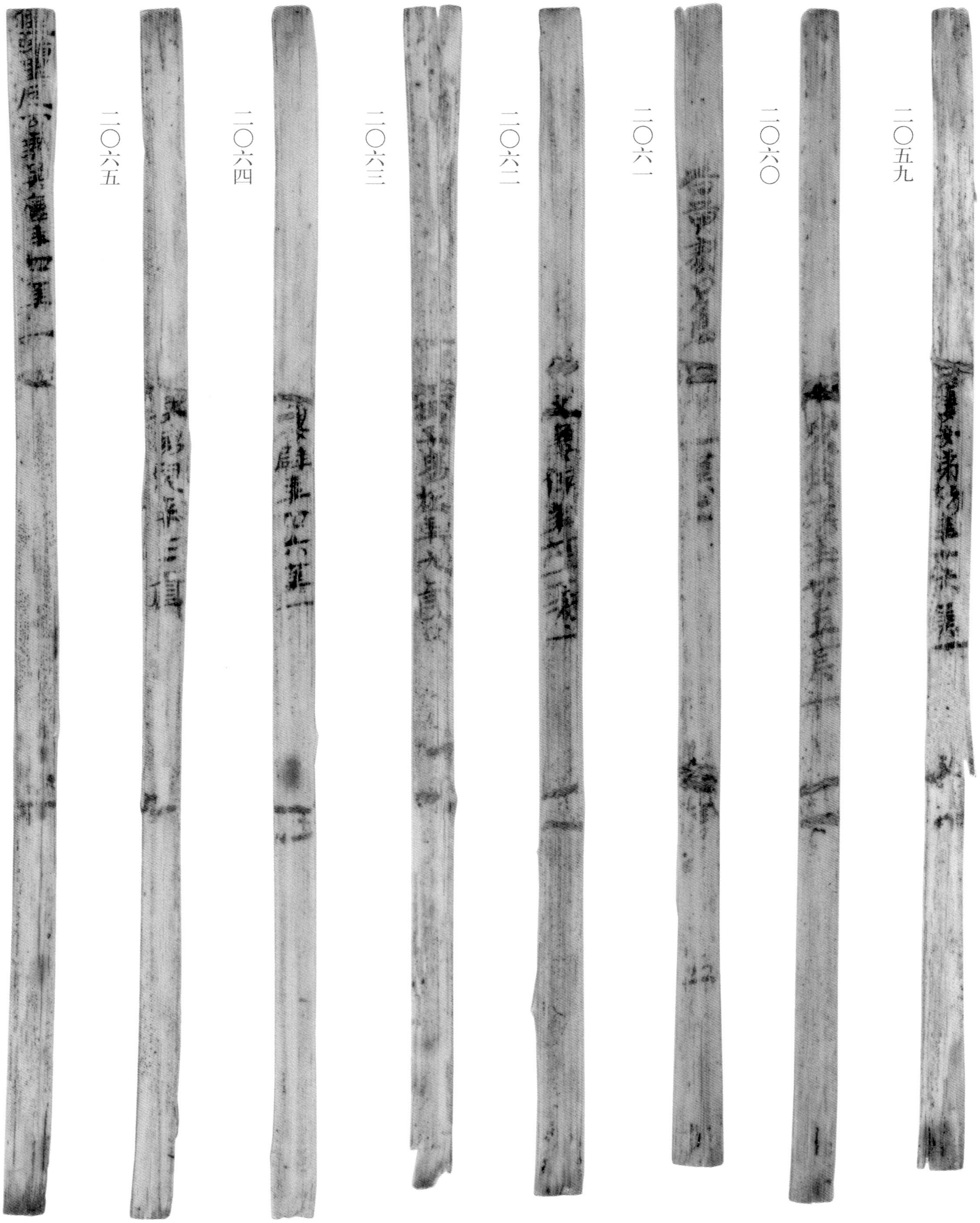

二〇五九
二〇六〇
二〇六一
二〇六二
二〇六三
二〇六四
二〇六五
二〇六六

二〇六七

二〇六八

二〇六九

二〇七〇

二〇七一

二〇七二

二〇七三

二〇七四

二〇七五

二〇七六

二〇七七

二〇七八

二〇七九

二〇八〇

二〇八一

二〇八二

二〇八三

二〇八四

二〇八五

二〇八六

二〇八七

二〇八八

二〇八九

二〇九〇

二〇九一

二〇九二

二〇九三

二〇九四

二〇九五

二〇九六

二〇九七

二〇九八

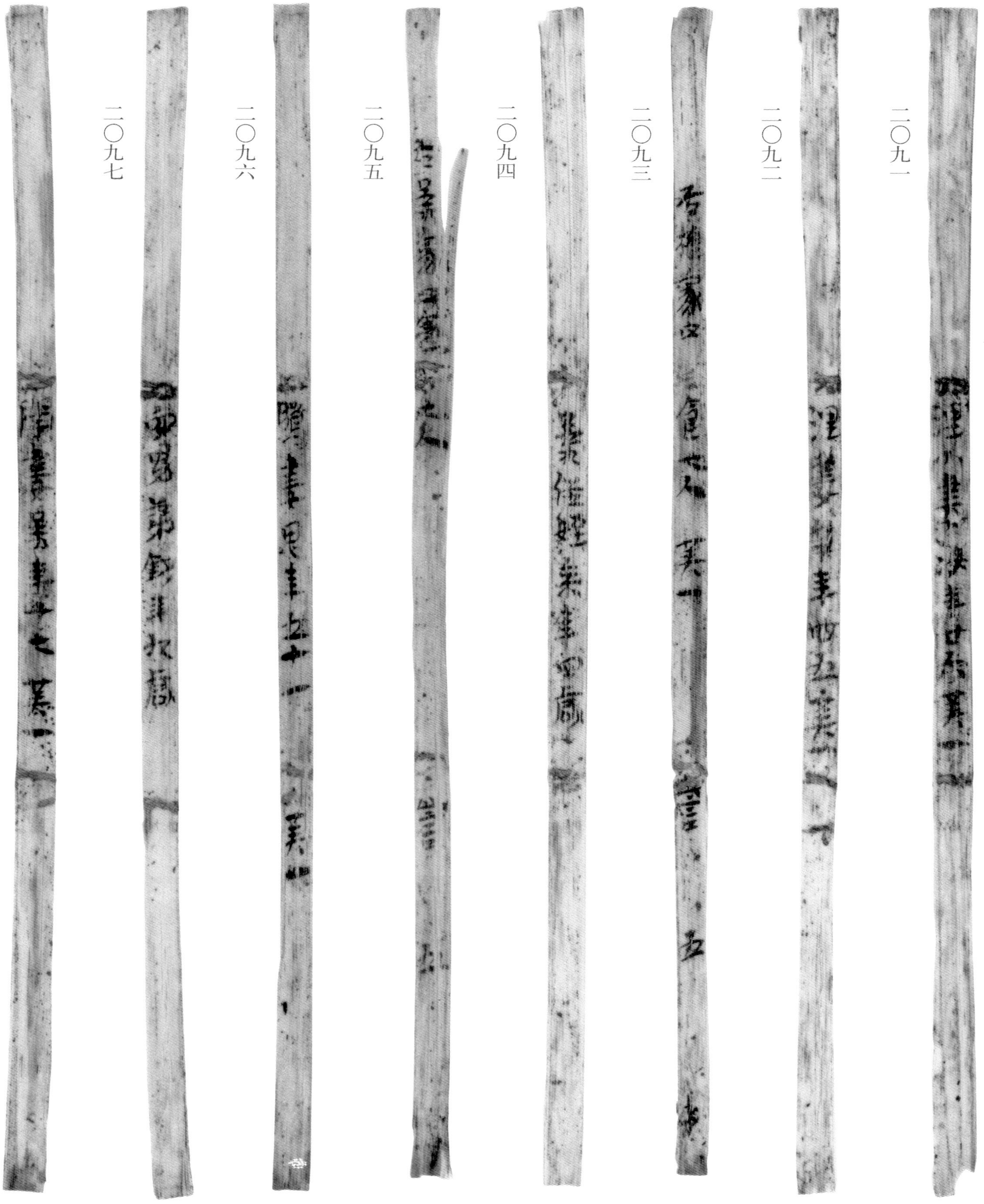

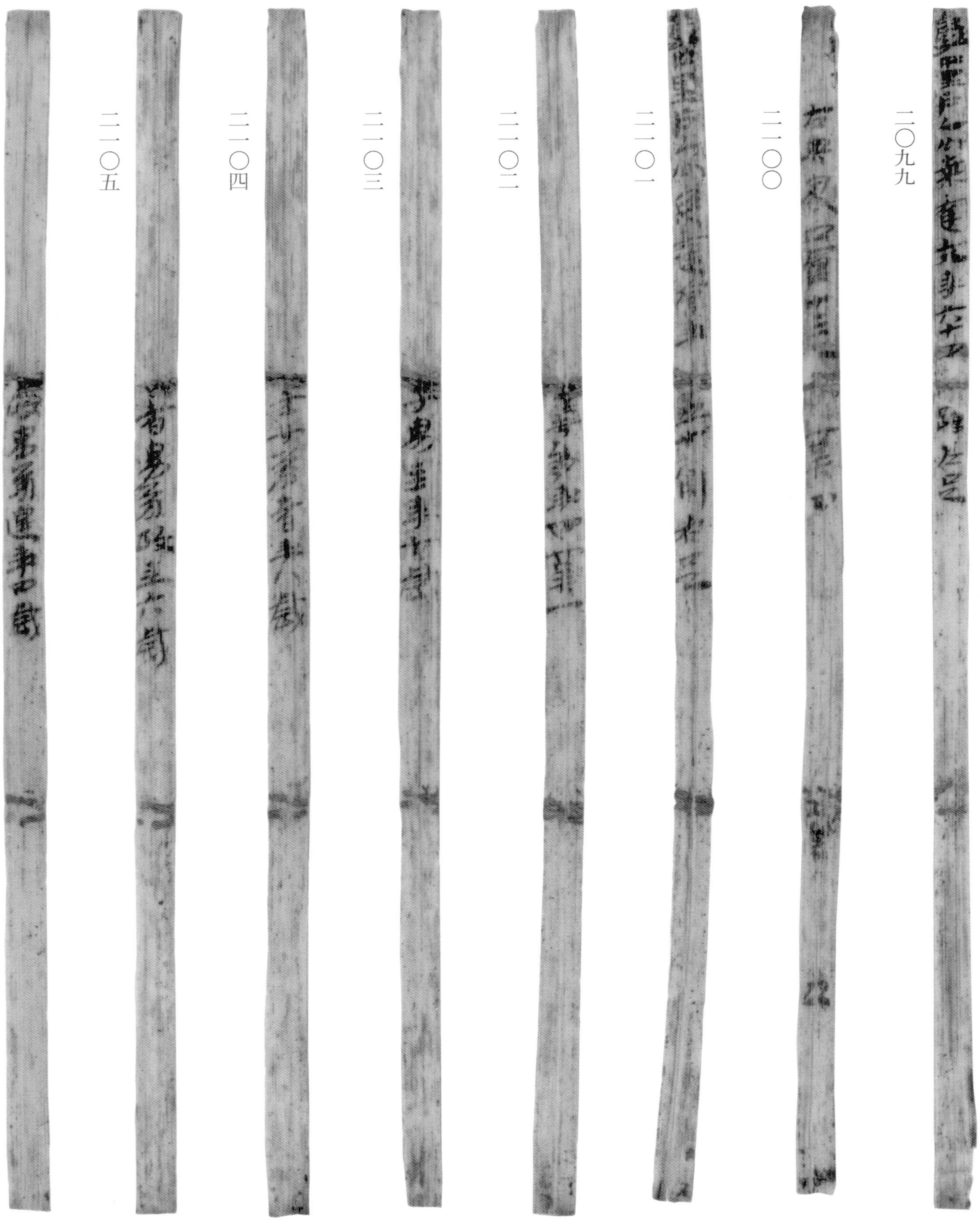

二〇九九

二一〇〇

二一〇一

二一〇二

二一〇三

二一〇四

二一〇五

二一〇六

二二〇七

二二〇八

二二〇九

二二一〇

二二一一

二二一二

二二一三

二二一四

二二一五

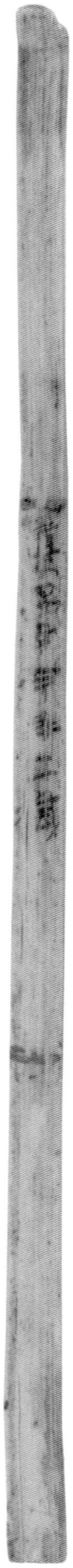

二二一六

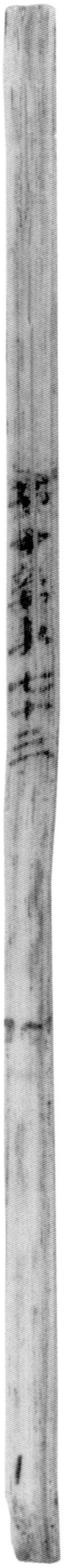

二二一七

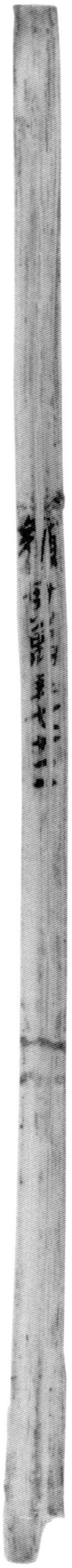

二二一八

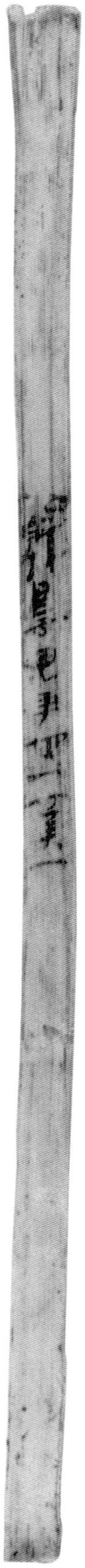

二二一九

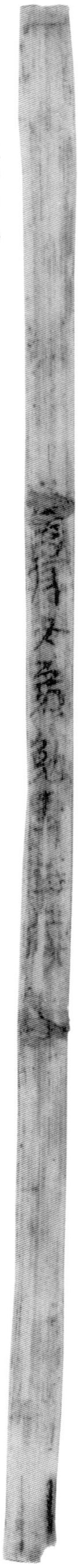

二二二〇

二二二一

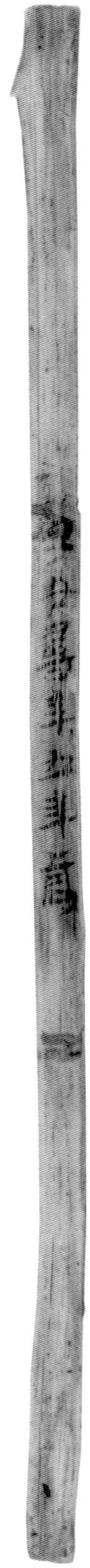

二二二二

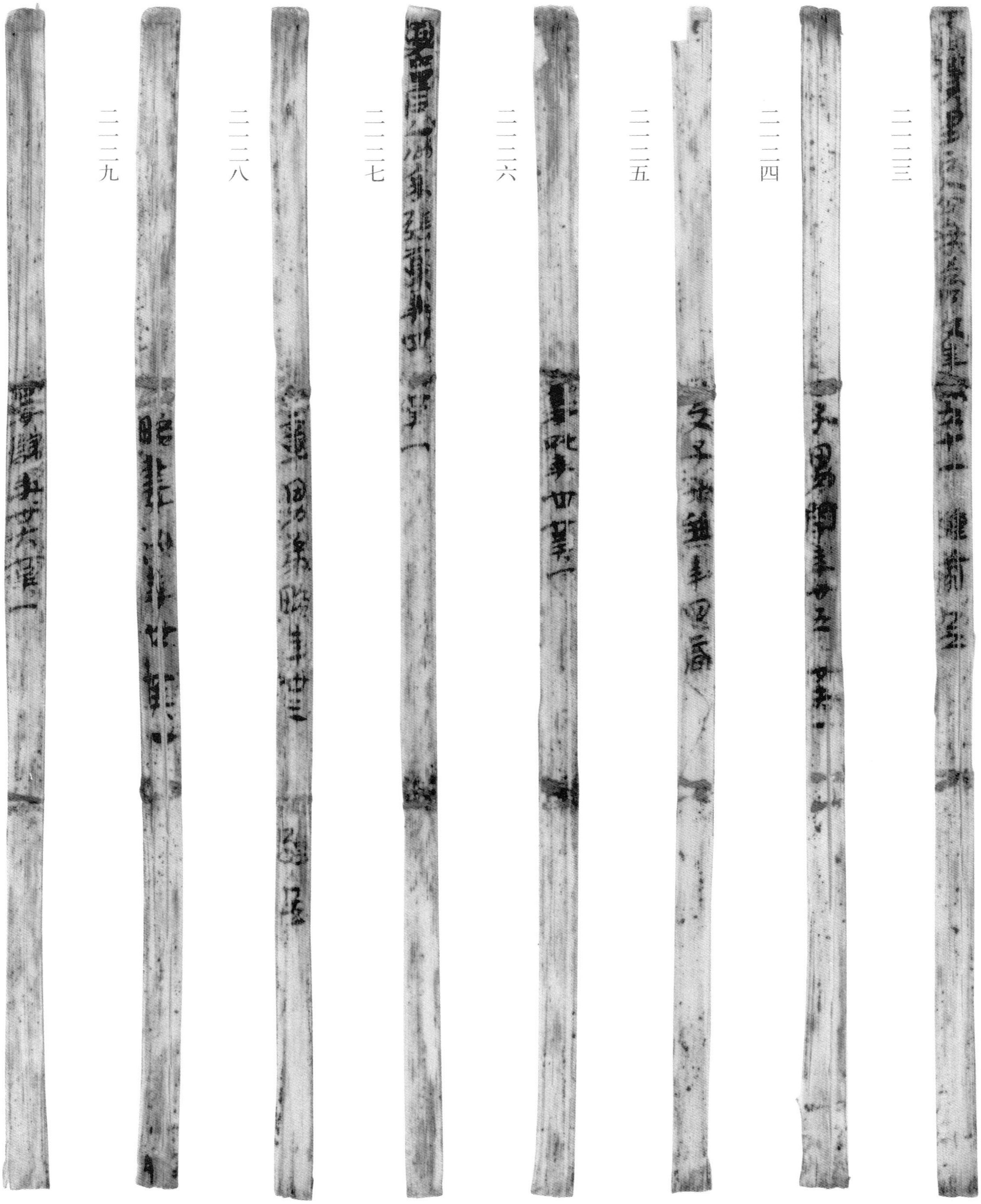

二一二三

二一二四

二一二五

二一二六

二一二七

二一二八

二一二九

二一三〇

二一三一

二一三二

二一三三

二一三四

二一三五

二一三六

二一三七

二一三八

二一三九

二一四〇

二一四一

二一四二

二一四三

二一四四

二一四五

二一四六

二一四七

二一四八

二一四九

二一五〇

二一五一

二一五二

二一五三

二一五四

二二五五

二二五六

二二五七

二二五八

二二五九

二二六〇

二二六一

二二六二

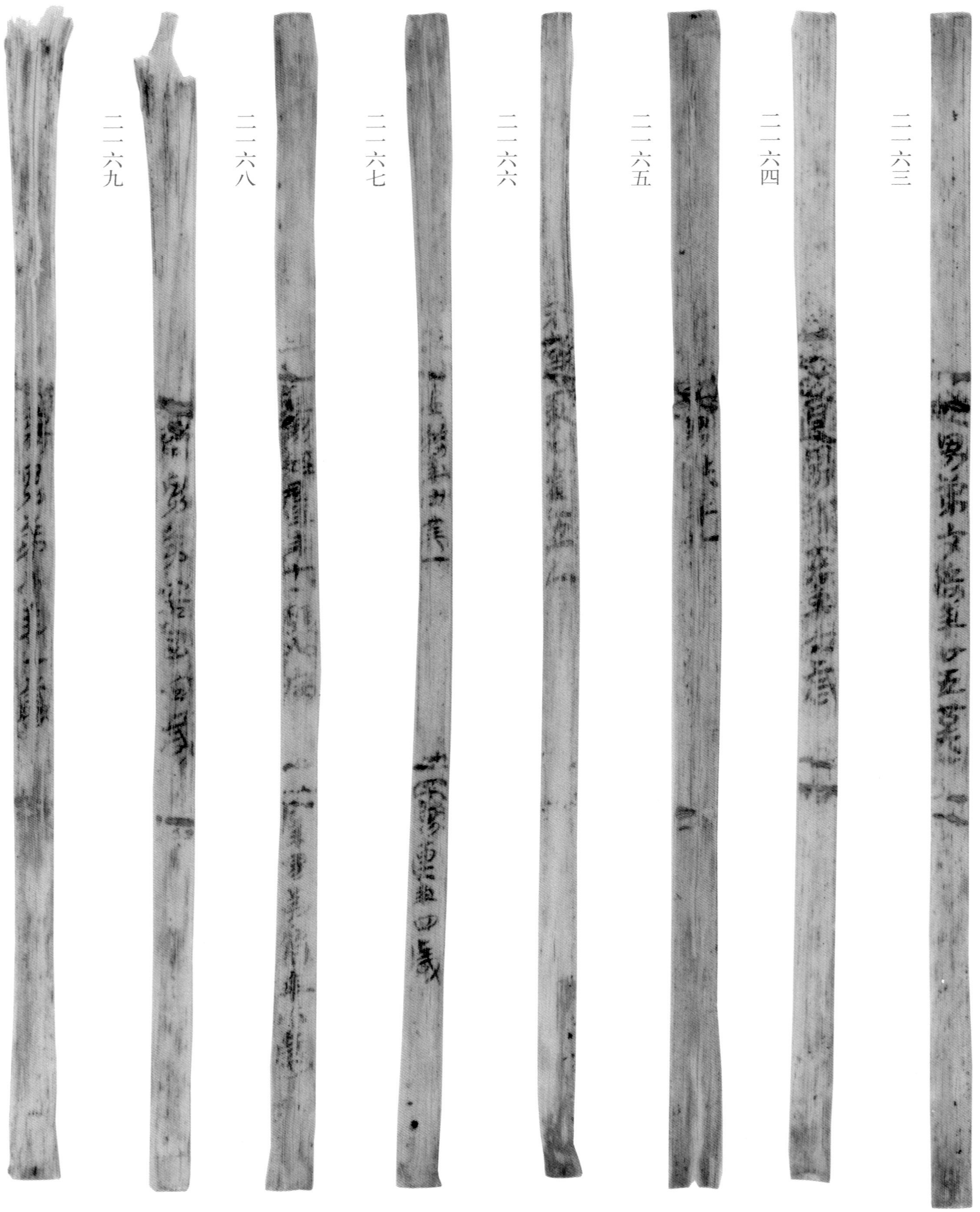

二一六三 二一六四 二一六五 二一六六 二一六七 二一六八 二一六九 二一七〇

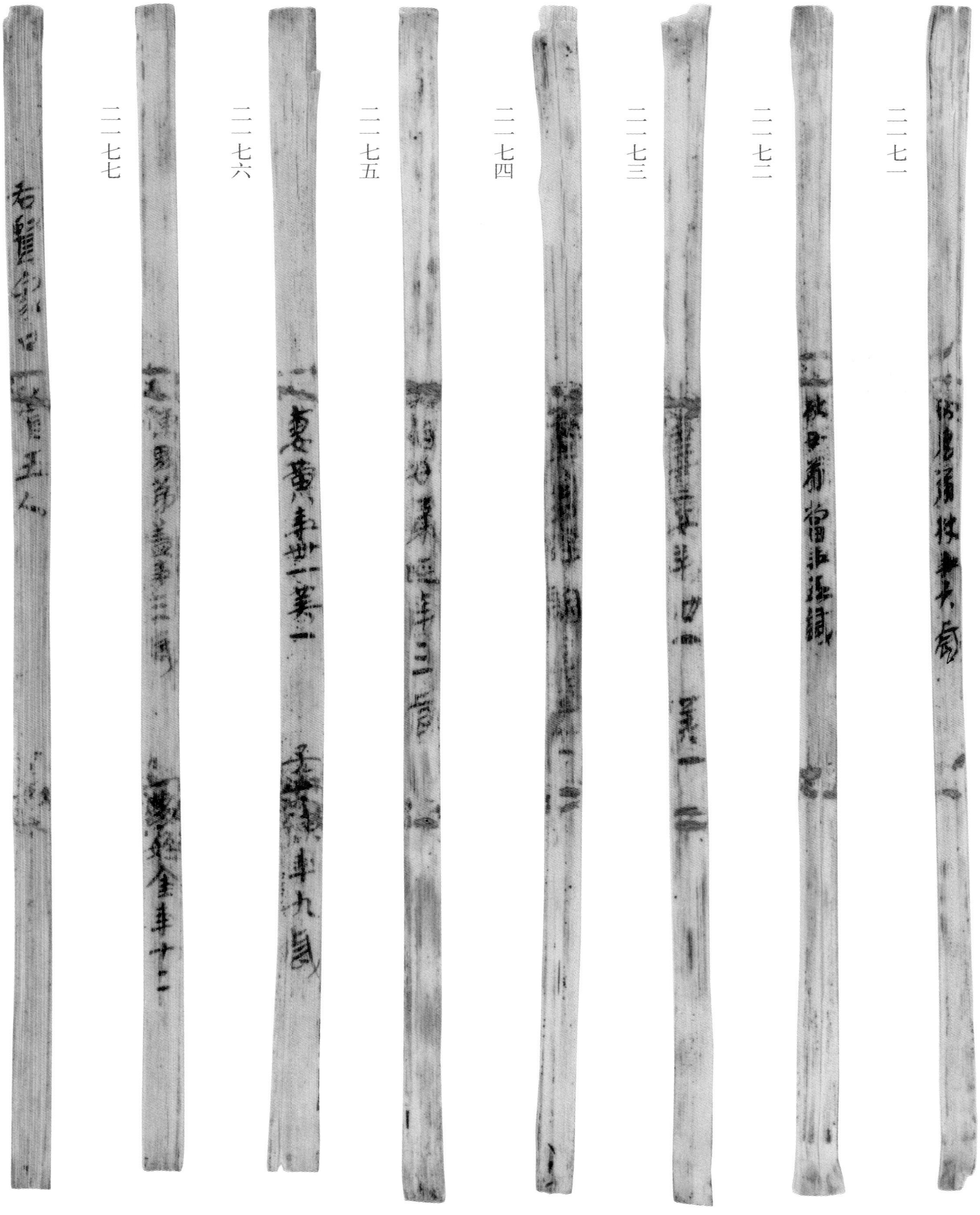

二一七一

二一七二

二一七三

二一七四

二一七五

二一七六

二一七七

二一七八

二一七九

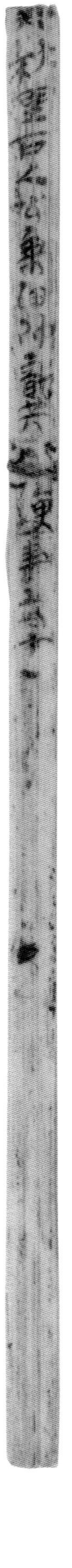

二一八〇

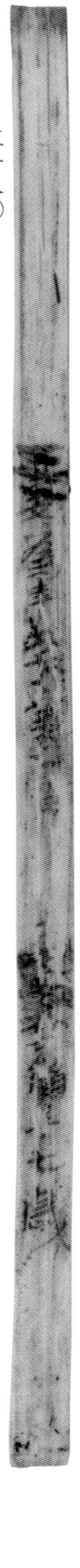

二一八一

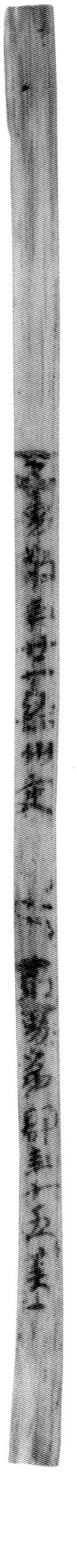

二一八二

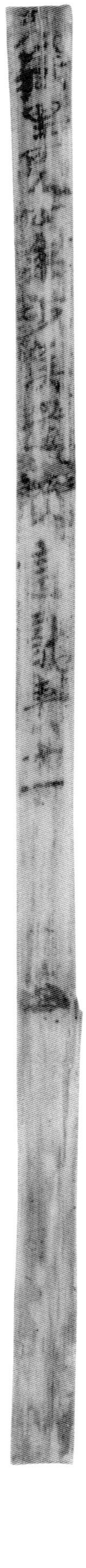

二一八三

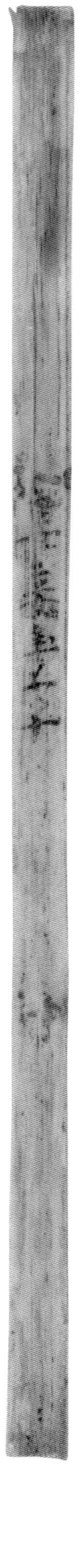

二一八四

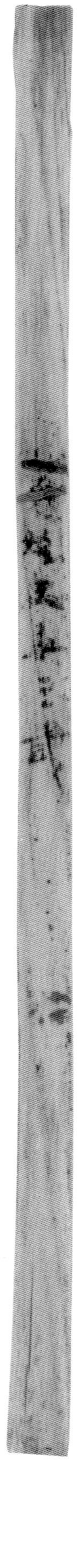

二一八五

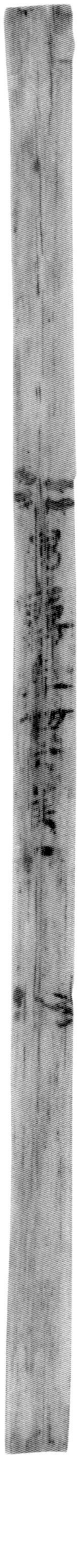

二一八六

二一八七

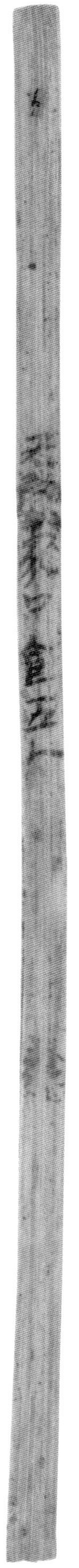

二一八八

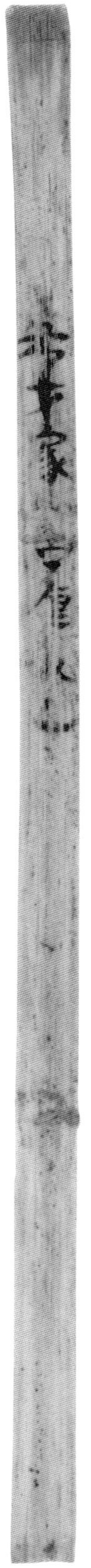

二一八九

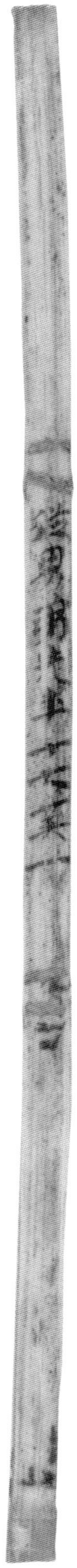

二一九〇

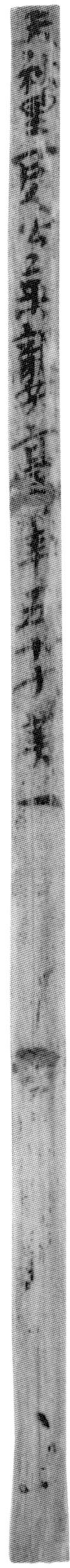

二一九一

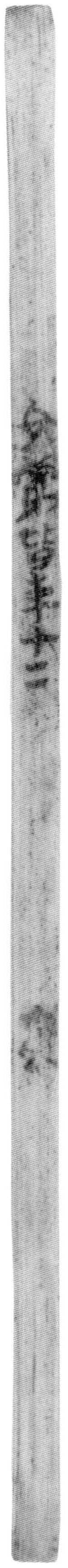

二一九二

二一九三

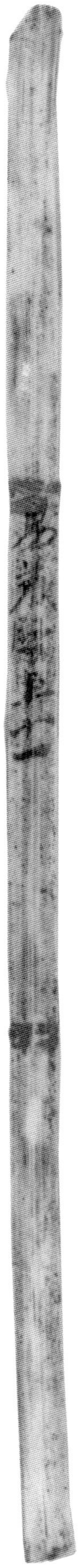

二一九四

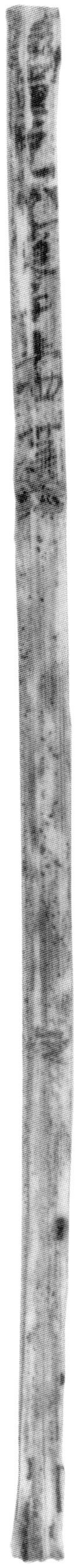

二一九五

二一九六

二一九七

二一九八

二一九九

二二〇〇

二二〇一

二二〇二

二二〇三

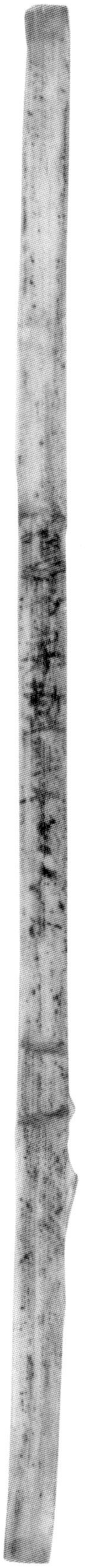

二二〇四

二二〇五

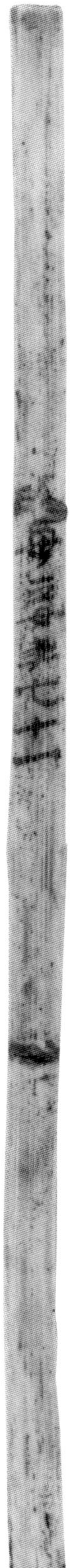

二二〇六

二二〇七

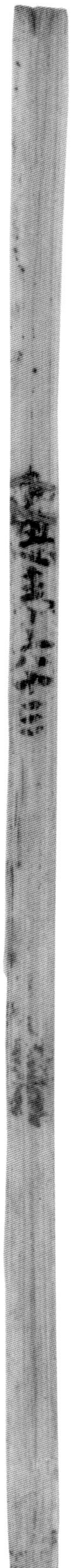

二二〇八

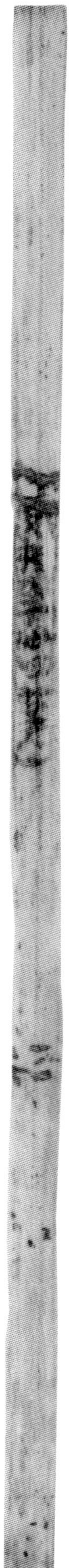

二二〇九

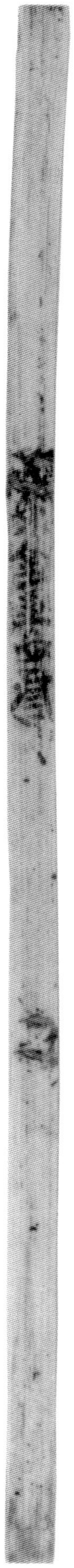

二二一〇

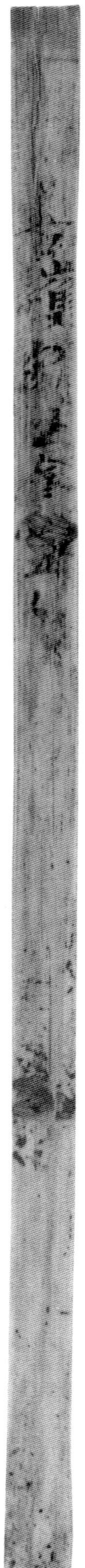
二三二一

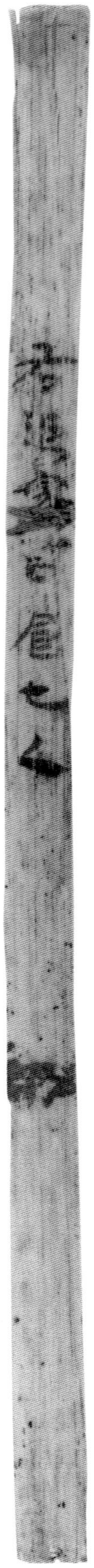
二三二二

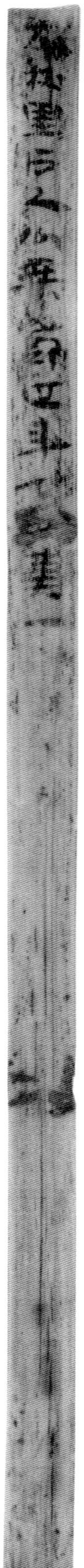
二三二三

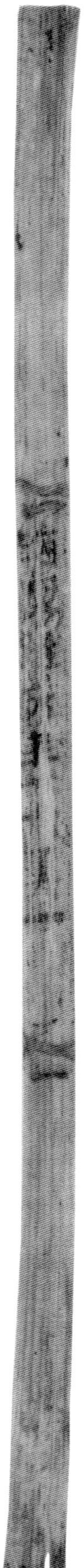
二三二四

二三二五

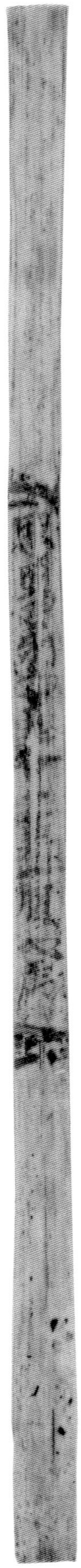
二三二六

二三二七

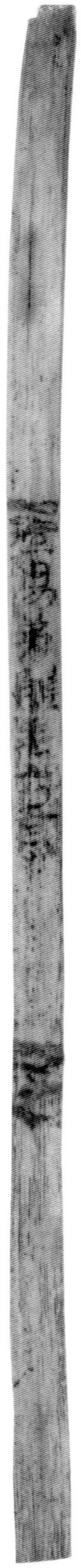
二三二八

二二一九

二二二〇

二二二一

二二二二

二二二三

二二二四

二二二五

二二二六

二二二二七

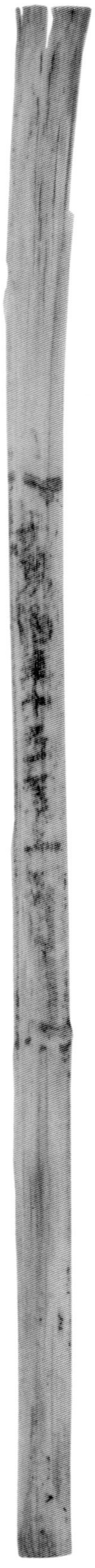

二二二二八

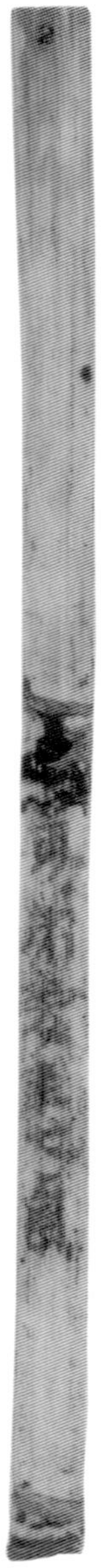

二二二二九

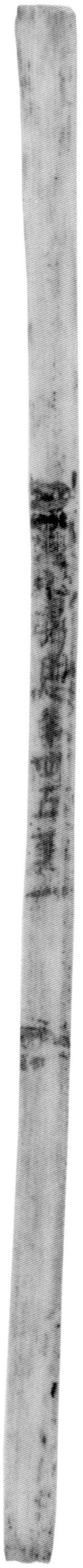

二二二三〇

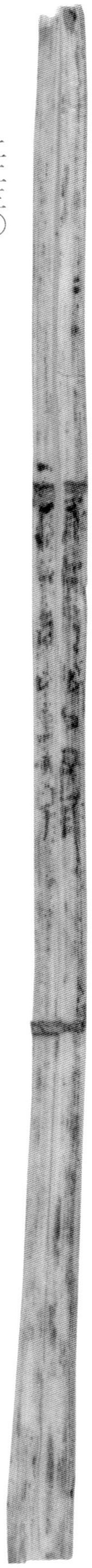

二二二三一

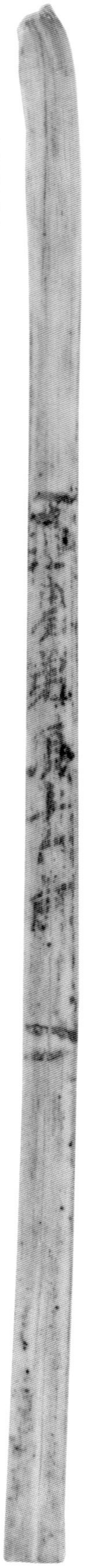

二二二三二

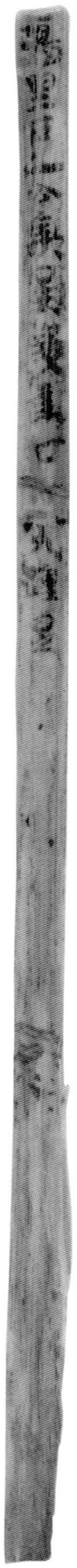

二二二三三

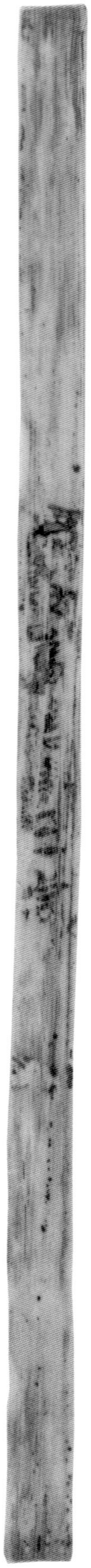

二二二三四

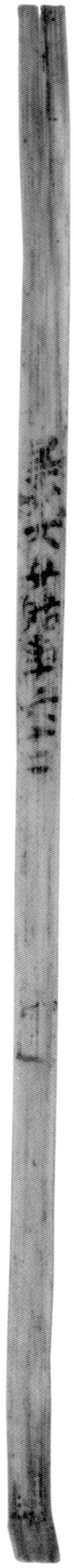

二二三五

二二三六

二二三七

二二三八

二二三九

二二四〇

二二四一

二二四二

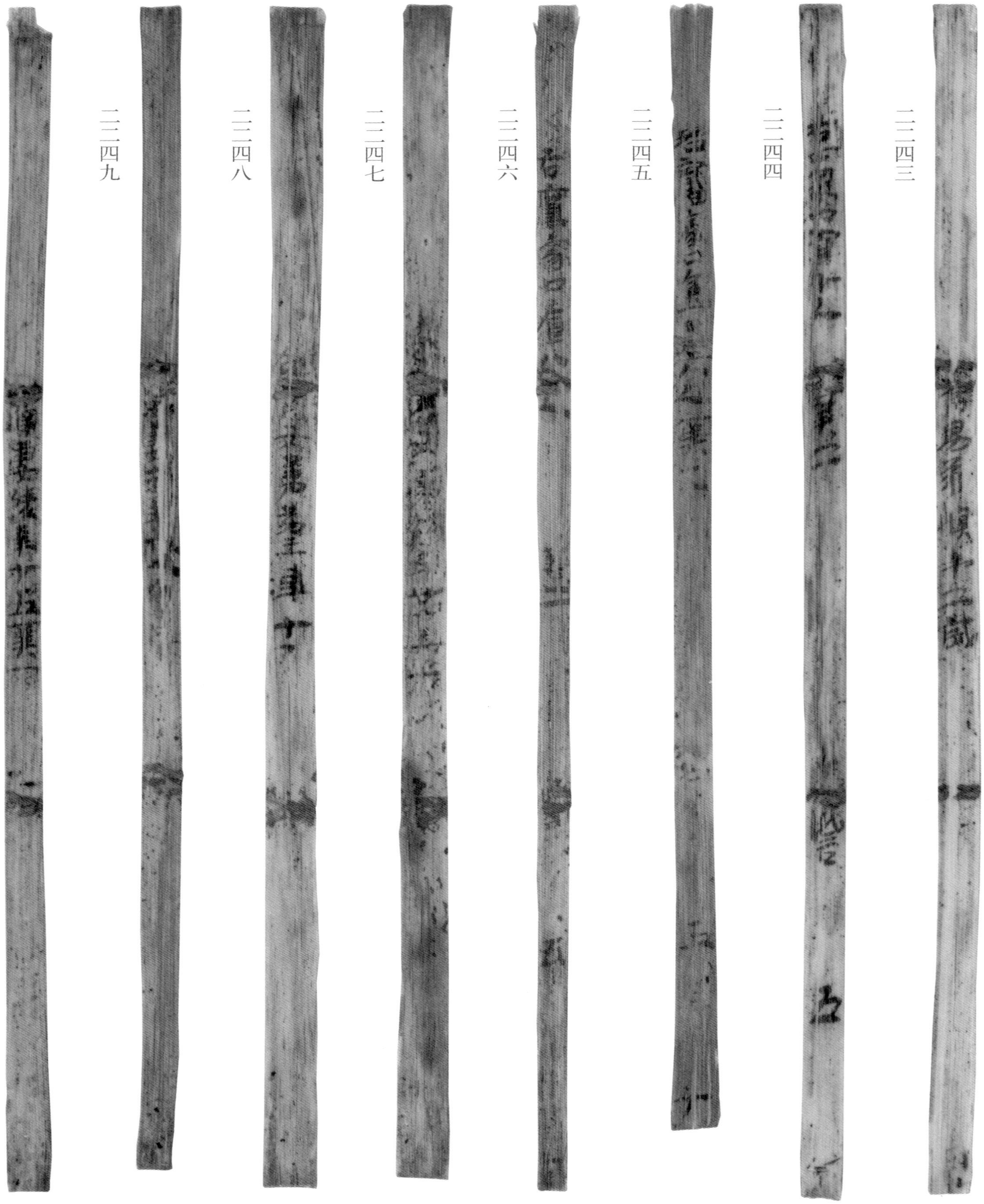

二二四三
二二四四
二二四五
二二四六
二二四七
二二四八
二二四九
二二五〇

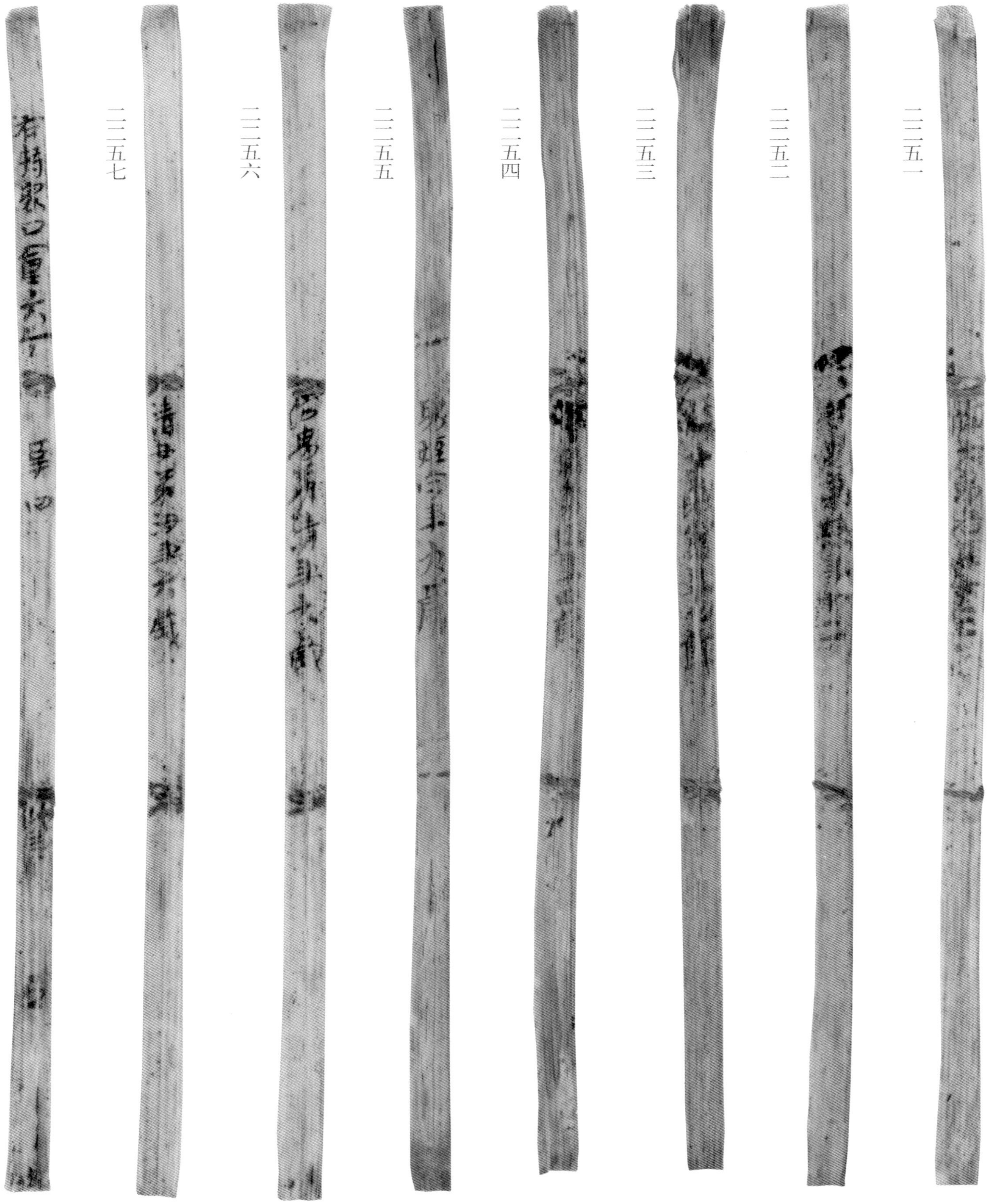

二二五一

二二五二

二二五三

二二五四

二二五五

二二五六

二二五七

二二五八

二二五九

二二六〇

二二六一

二二六二

二二六三

二二六四

二二六五

二二六六

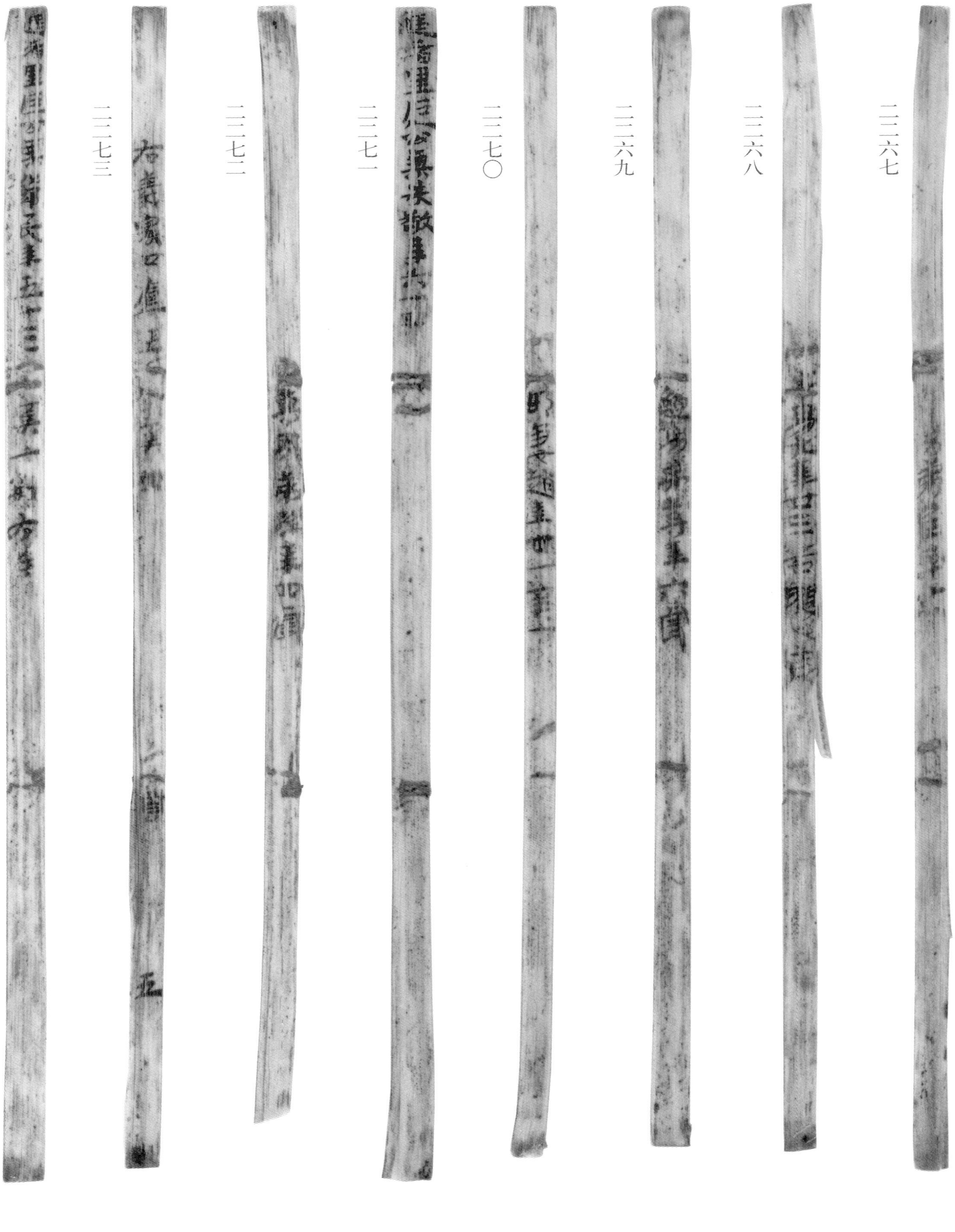

二二六七

二二六八

二二六九

二二七〇

二二七一

二二七二

二二七三

二二七四

二二七五
二二七六
二二七七
二二七八
二二七九
二二八〇
二二八一
二二八二

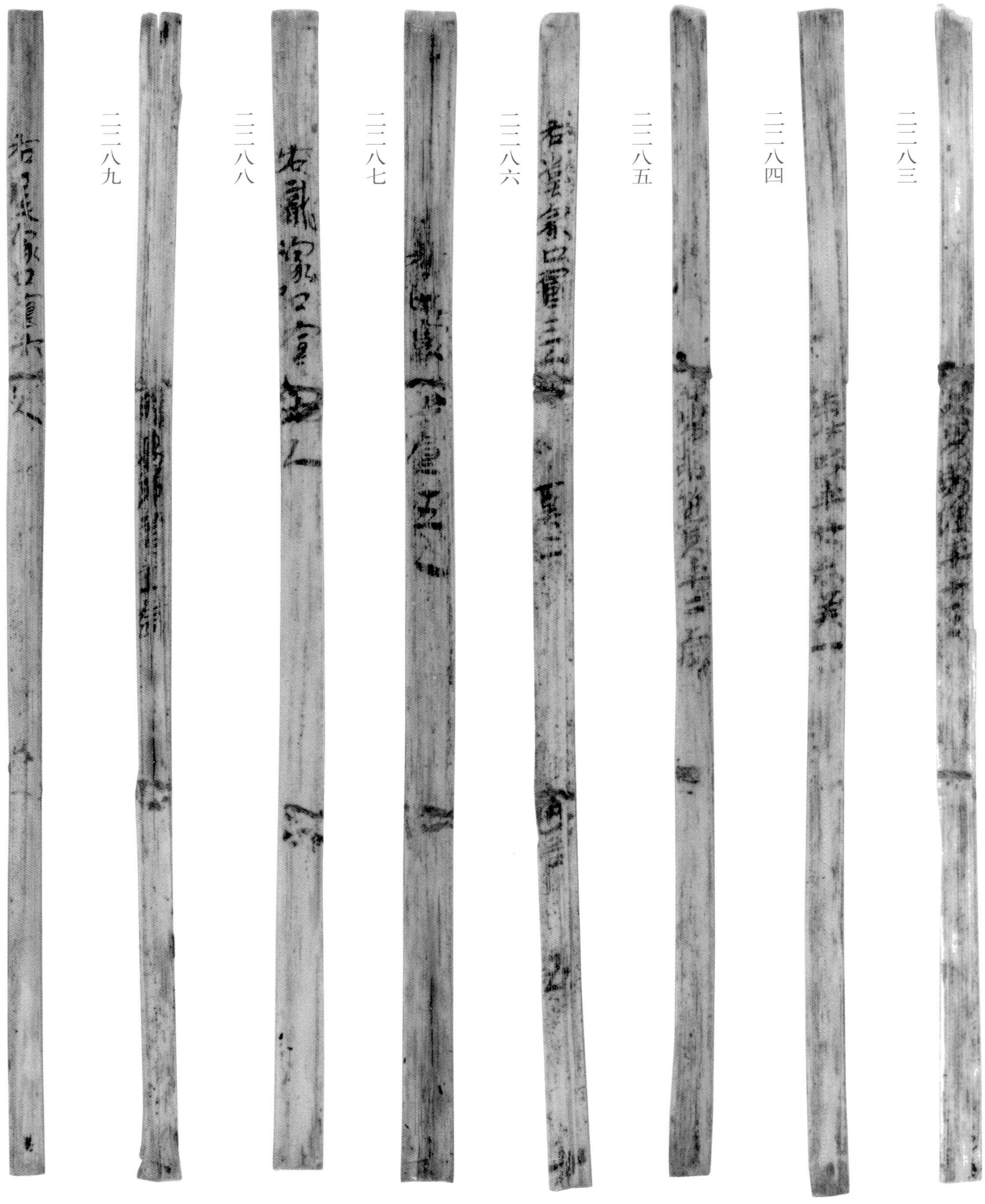

二二八三

二二八四

二二八五

二二八六

二二八七

二二八八

二二八九

二二九〇

二二九一

二二九二

二二九三

二二九四

二二九五

二二九六

二二九七

二二九八

二二九九
二三〇〇
二三〇一
二三〇二
二三〇三
二三〇四
二三〇五
二三〇六

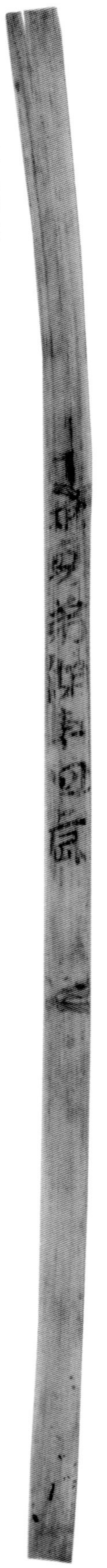
二三〇七

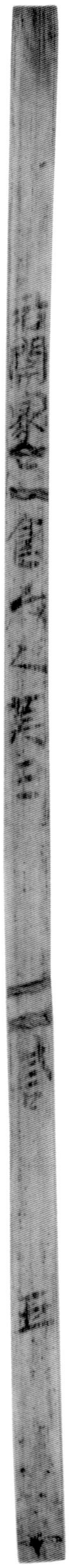
二三〇八

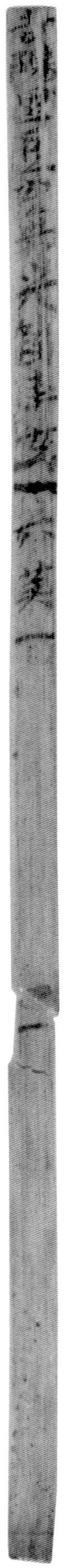
二三〇九

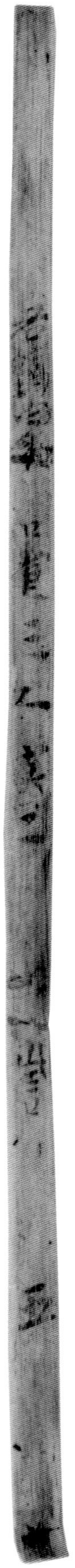
二三一〇

二三一一

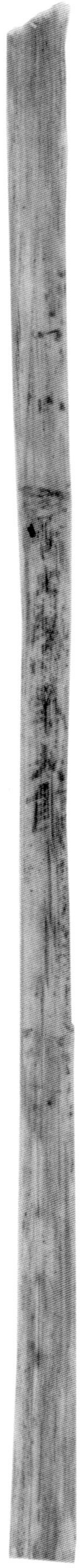
二三一二

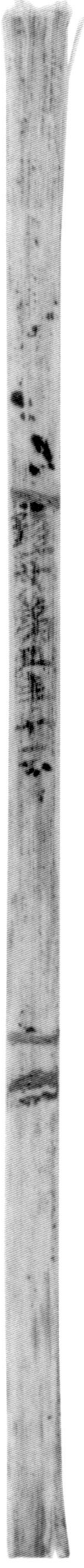
二三一三

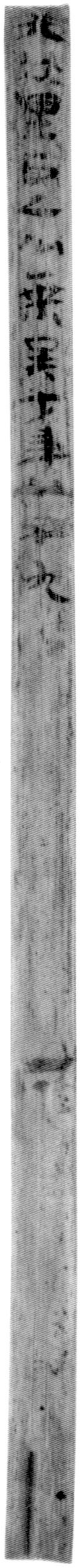
二三一四

二三一五

二三一六

二三一七

二三一八

二三一九

二三二〇

二三二一

二三二二

二三三二三
二三三二四
二三三二五
二三三二六
二三三二七
二三三二八
二三三二九
二三三三〇

二三三一

二三三二

二三三三

二三三四

二三三五

二三三六

二三三七

二三三八

二三三九

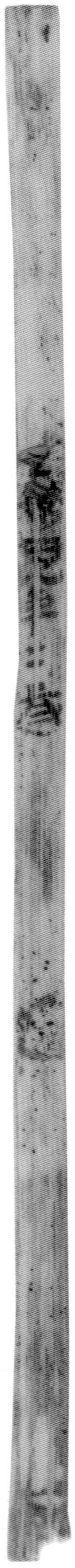

二三四〇

二三四一

二三四二

二三四三

二三四四

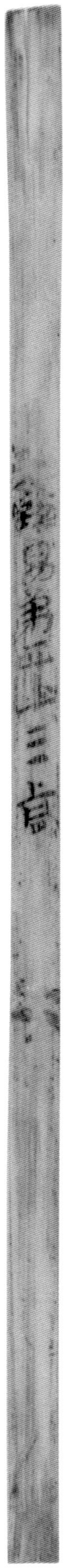

二三四五

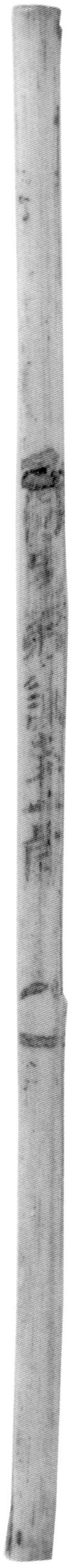

二三四六

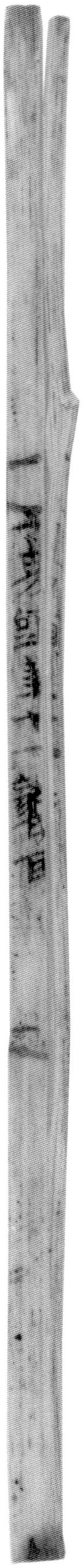

二三四七

二三四八

二三四九

二三五〇

二三五一

二三五二

二三五三

二三五四

二三五五

二三五六

二三五七

二三五八

二三五九

二三六〇

二三六一

二三六二

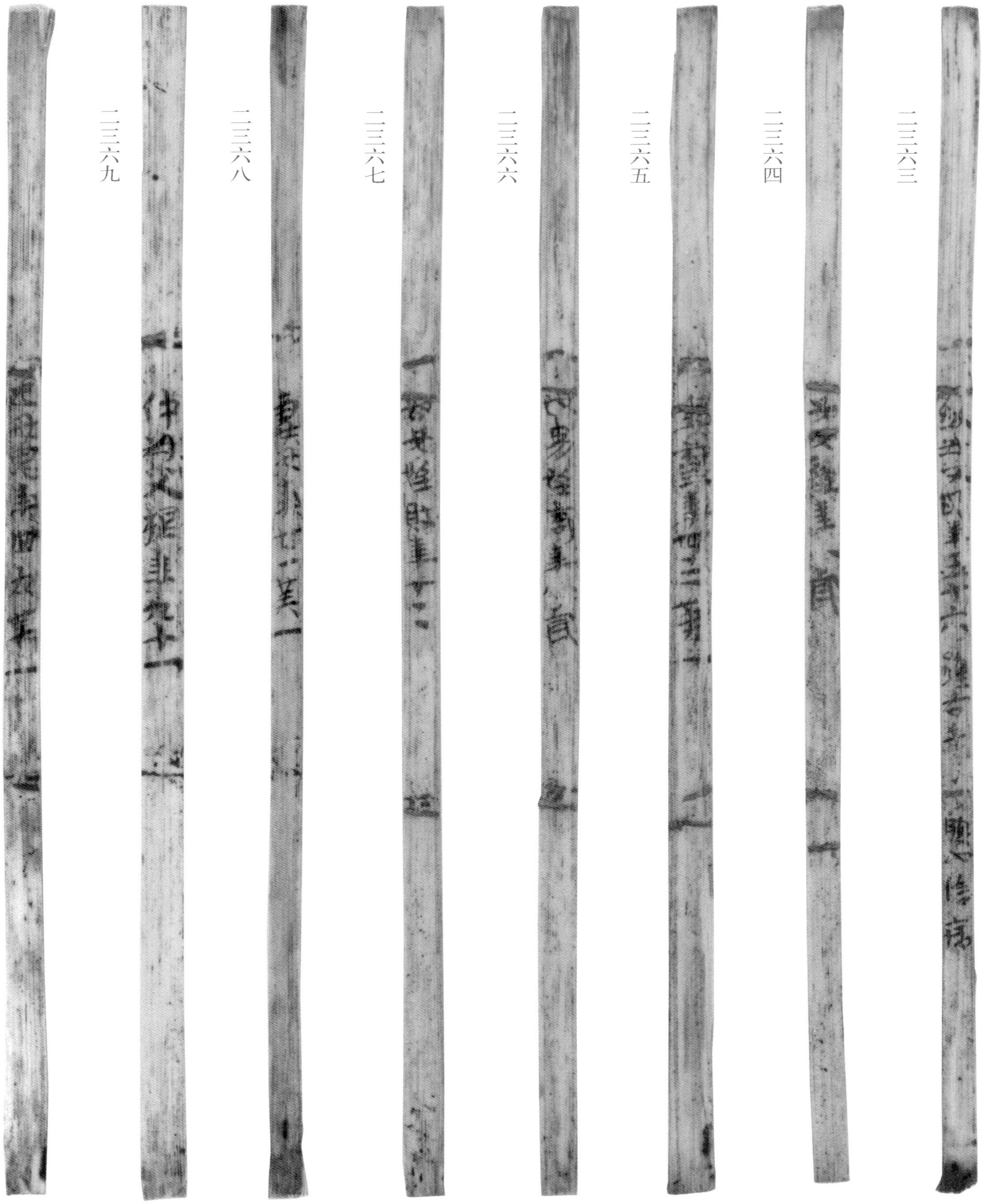

二三六三

二三六四

二三六五

二三六六

二三六七

二三六八

二三六九

二三七〇

二三七一

二三七二

二三七三

二三七四

二三七五

二三七六

二三七七

二三七八

二三七九

二三八〇

二三八一

二三八二

二三八三

二三八四

二三八五

二三八六

二三八七

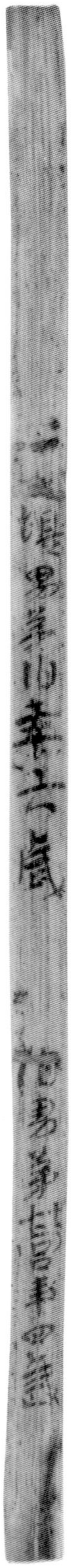

二三八八

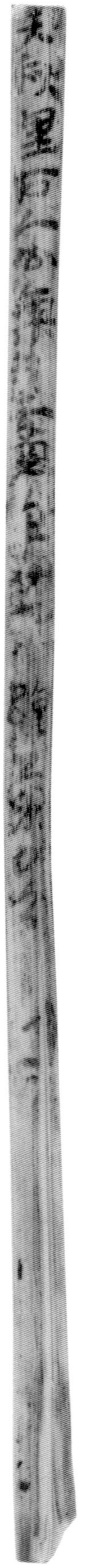

二三八九

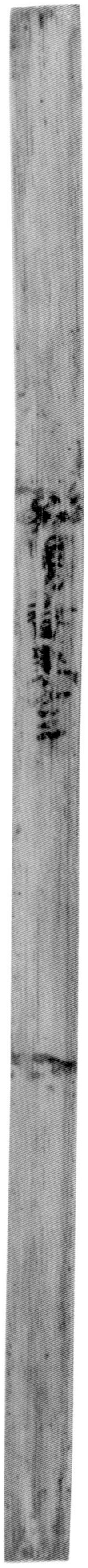

二三九〇

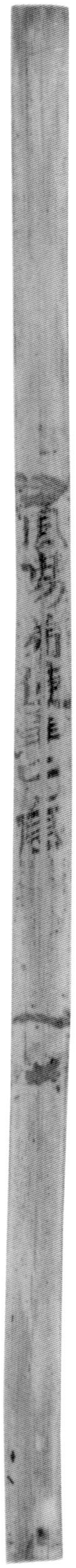

二三九一

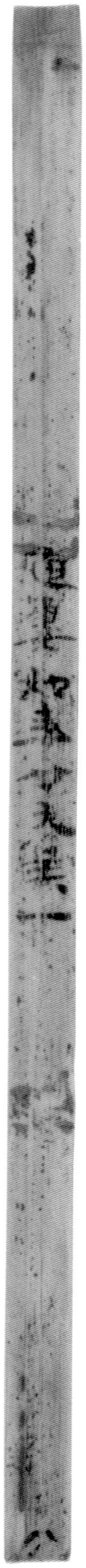

二三九二

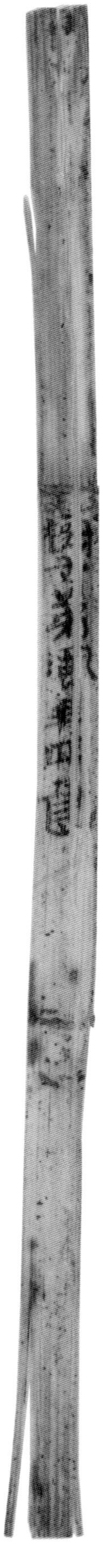

二三九三

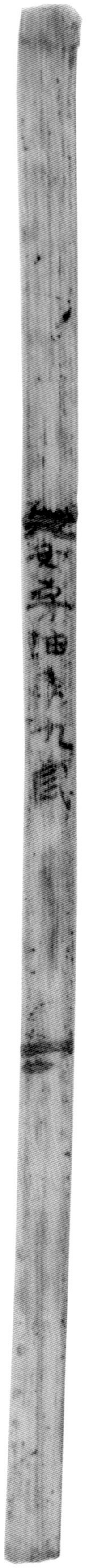

二三九四

二三九五
二三九六
二三九七
二三九八
二三九九
二四〇〇
二四〇一
二四〇二

二四〇三

二四〇四

二四〇五

二四〇六

二四〇七

二四〇八

二四〇九

二四一〇

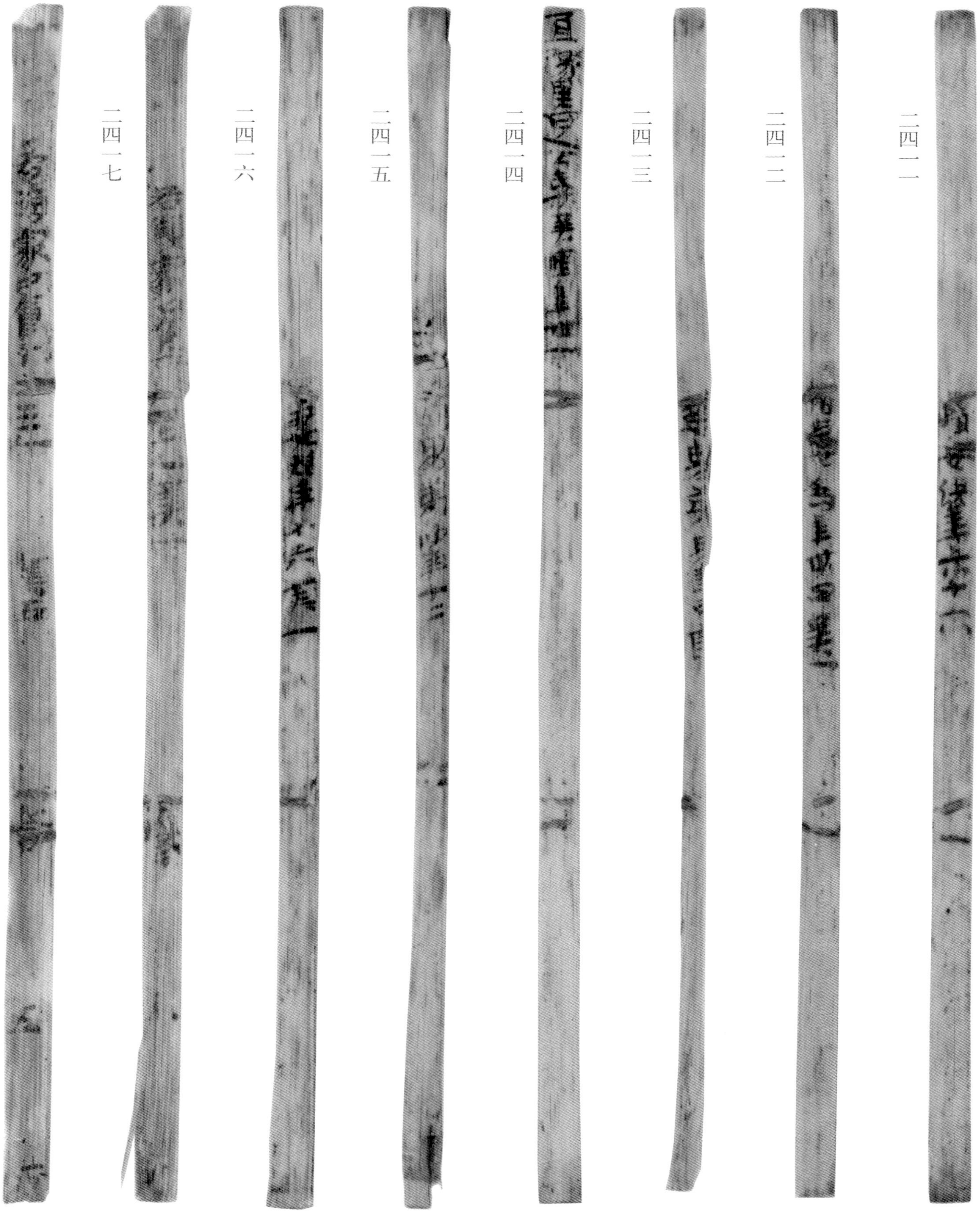
二四一八 二四一七 二四一六 二四一五 二四一四 二四一三 二四一二 二四一一

二四一九 二四二〇 二四二一 二四二二 二四二三 二四二四 二四二五 二四二六

二四二七

二四二八

二四二九

二四三〇

二四三一

二四三二

二四三三

二四三四

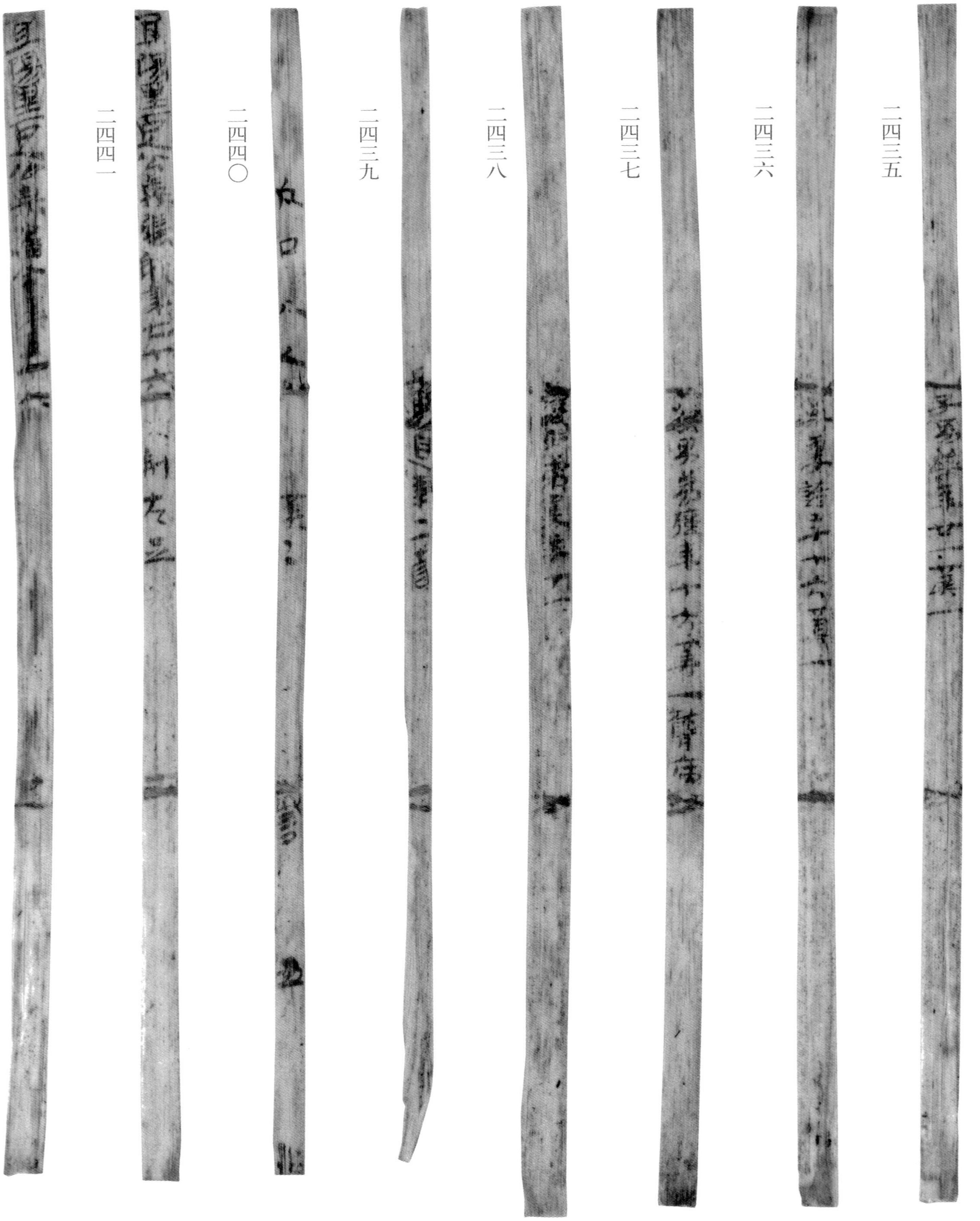

二四三五

二四三六

二四三七

二四三八

二四三九

二四四〇

二四四一

二四四二

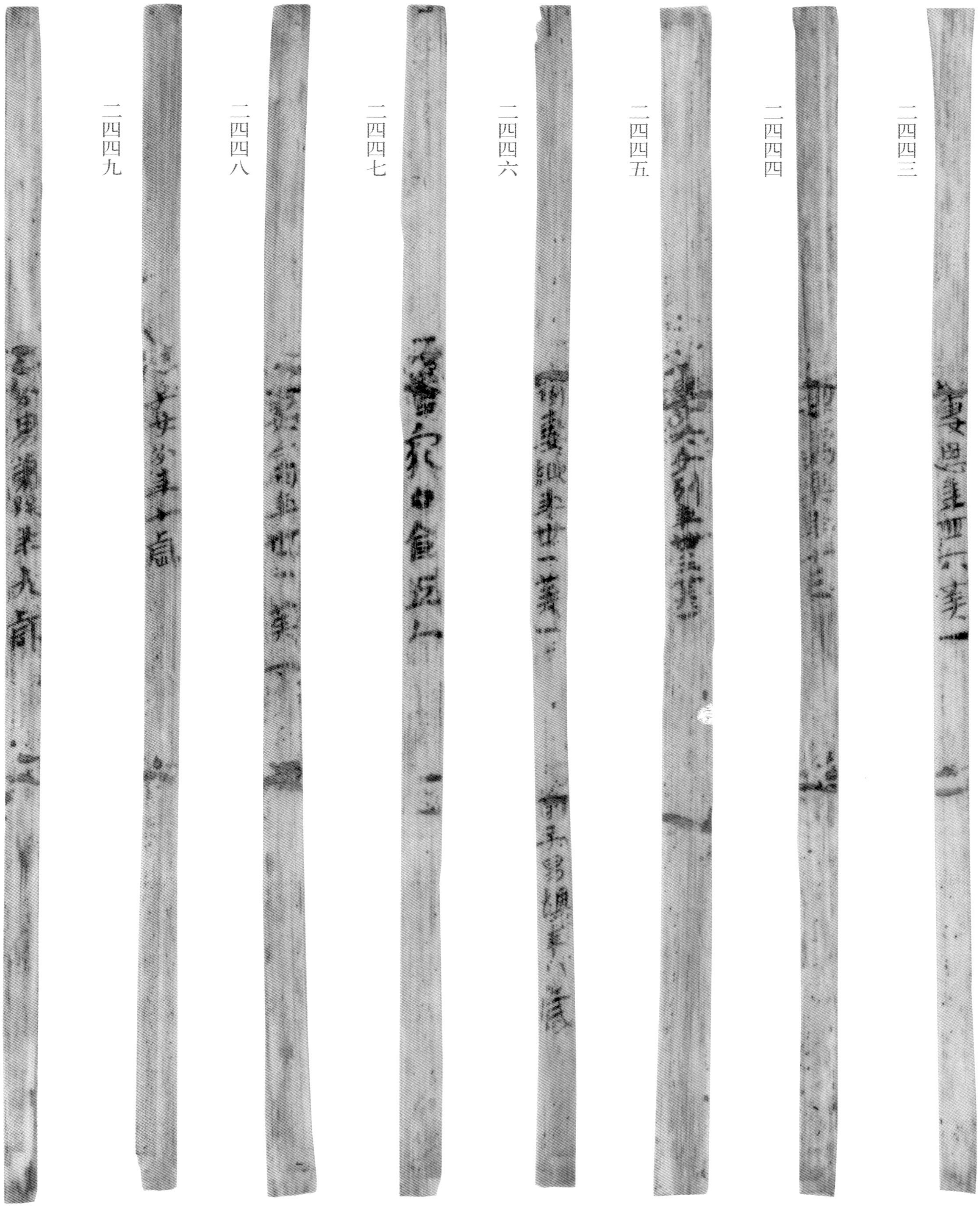

二四四三

二四四四

二四四五

二四四六

二四四七

二四四八

二四四九

二四五〇

二四五一 二四五二 二四五三 二四五四 二四五五 二四五六 二四五七 二四五八

二四五九

二四六〇

二四六一

二四六二

二四六三

二四六四

二四六五

二四六六

二四六七

二四六八

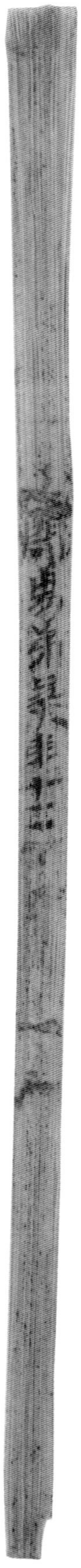

二四六九

二四七〇

二四七一

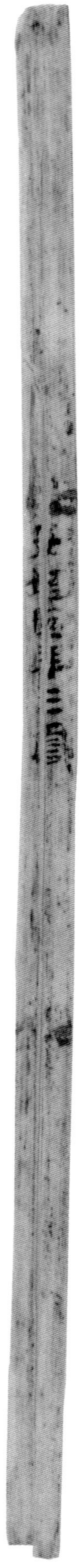

二四七二

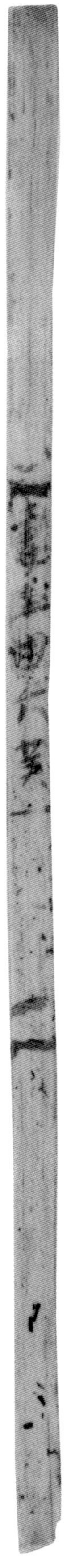

二四七三

二四七四

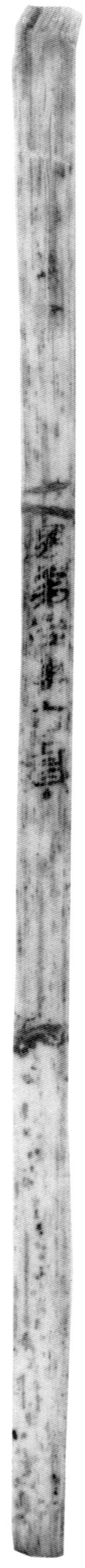

二四七五

二四七六

二四七七

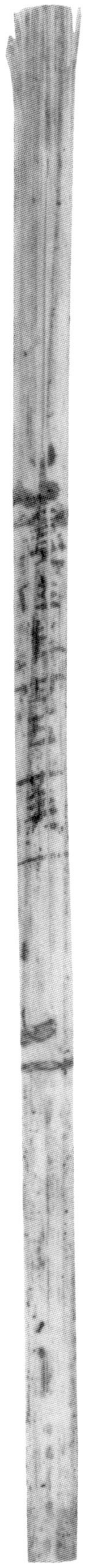

二四七八

二四七九

二四八〇

二四八一

二四八二

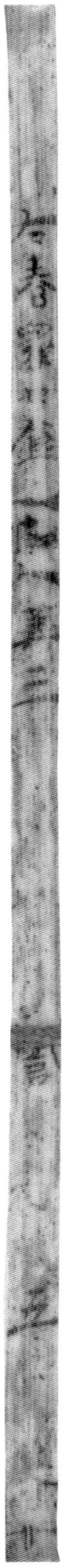

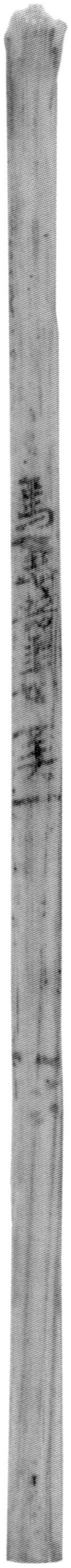

二四八三

二四八四

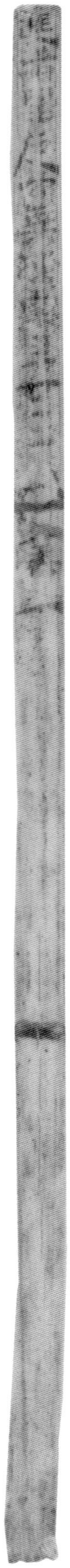

二四八五

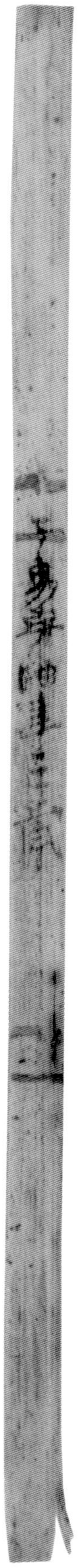

二四八六

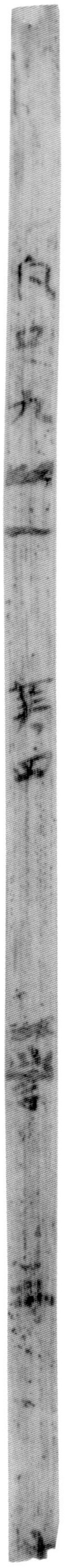

二四八七

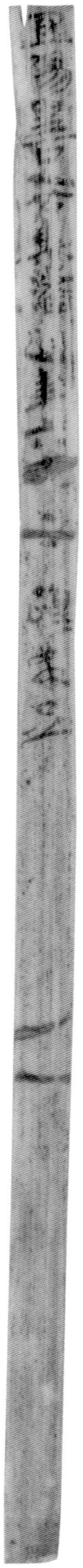

二四八八

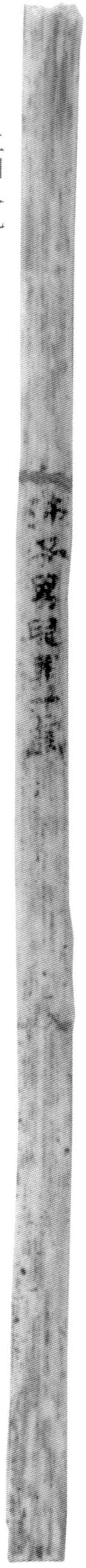

二四八九

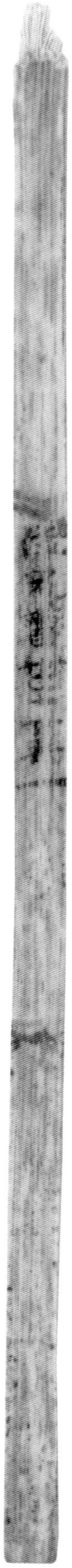

二四九〇

二四九一

二四九二

二四九三

二四九四

二四九五

二四九六

二四九七

二四九八

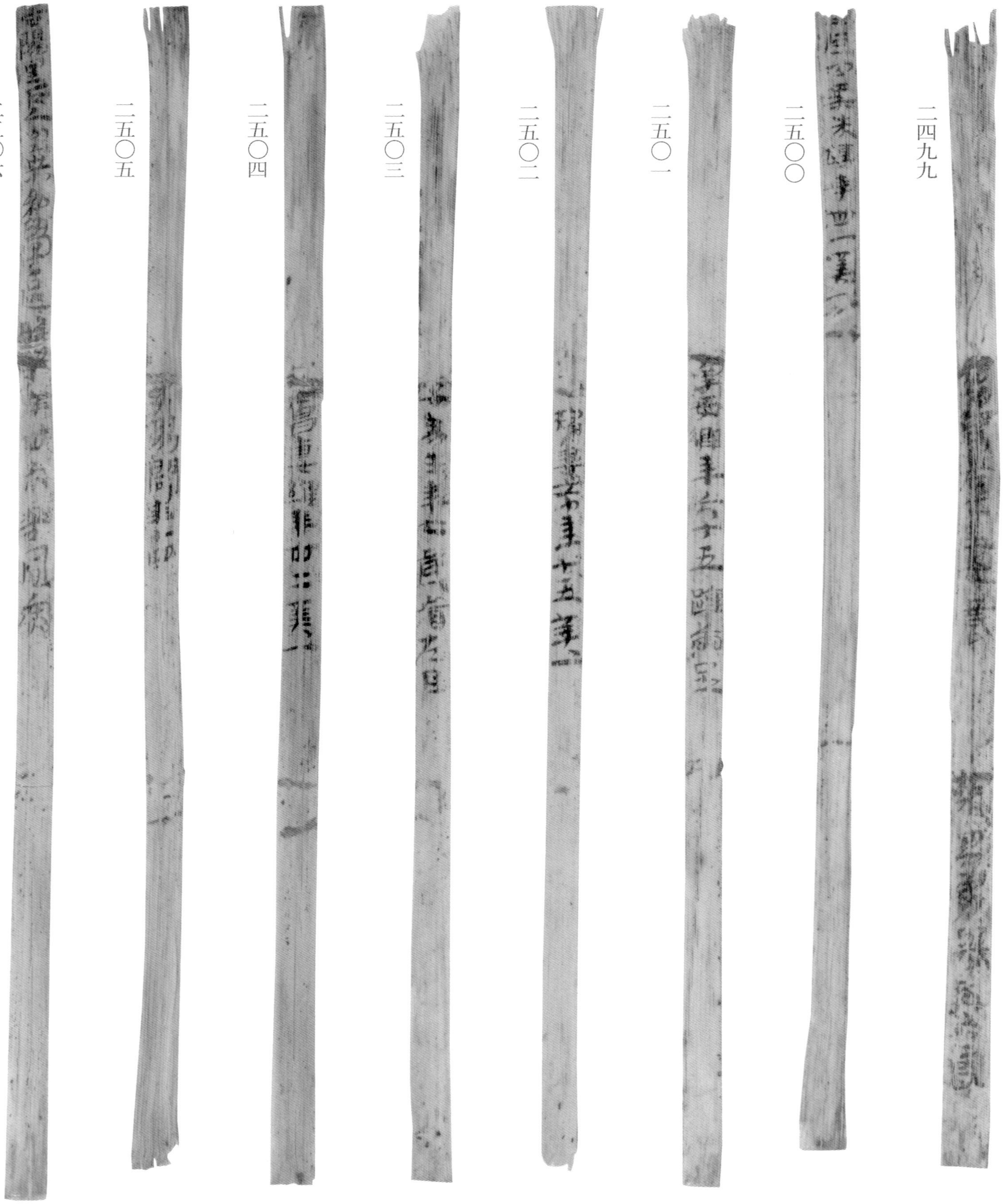

二四九九

二五〇〇

二五〇一

二五〇二

二五〇三

二五〇四

二五〇五

二五〇六

二五〇七 二五〇八 二五〇九 二五一〇 二五一一 二五一二 二五一三 二五一四

二五一五
二五一六
二五一七
二五一八
二五一九
二五二〇
二五二一
二五二二

二五二三
二五二四
二五二五
二五二六
二五二七
二五二八
二五二九
二五三〇

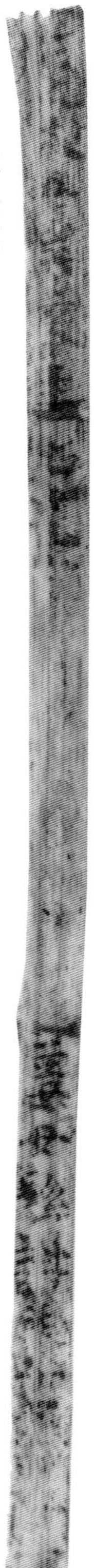
二五三一

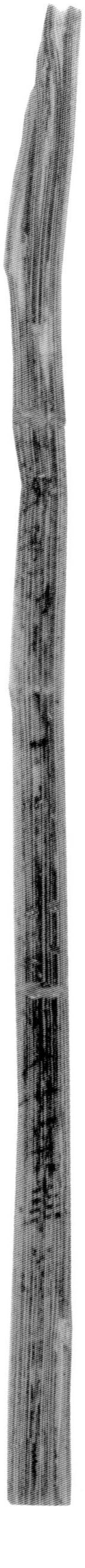
二五三二

二五三三

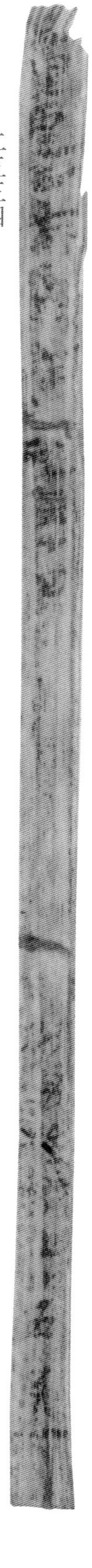
二五三四

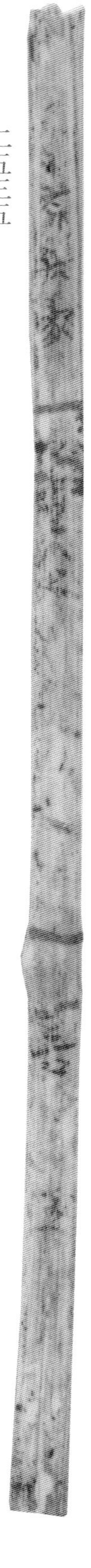
二五三五

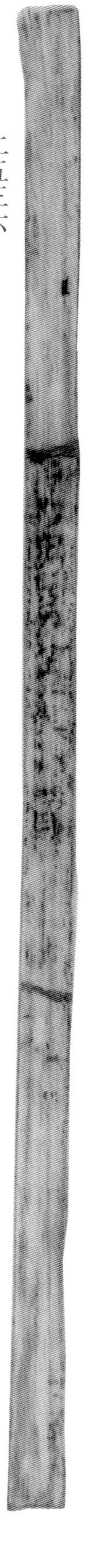
二五三六

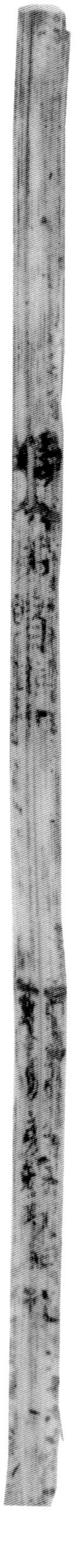
二五三七

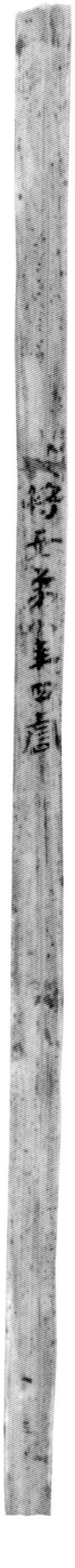
二五三八

二五三九

二五四〇

二五四一

二五四二

二五四三

二五四四

二五四五

二五四六

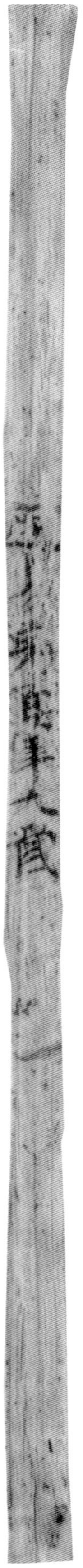
二五四七

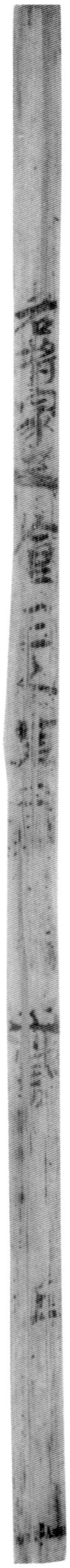
二五四八

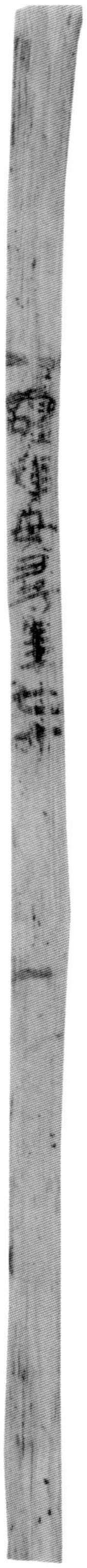
二五四九

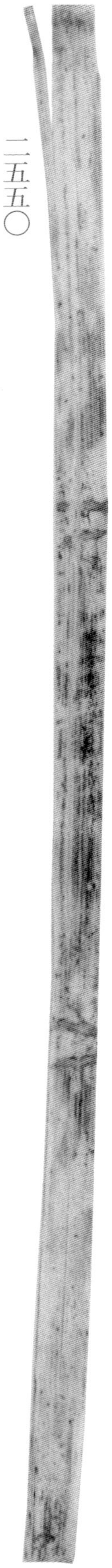
二五五〇

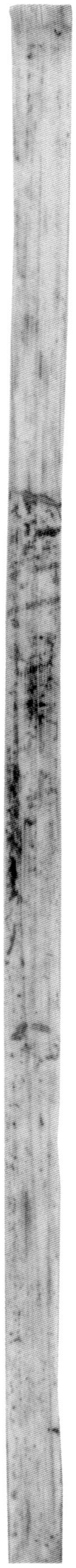
二五五一

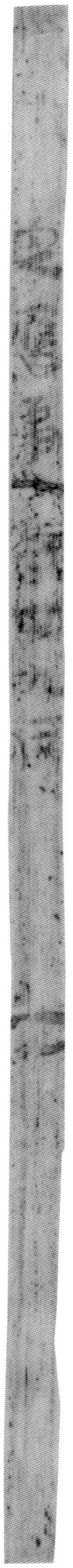
二五五二

二五五三

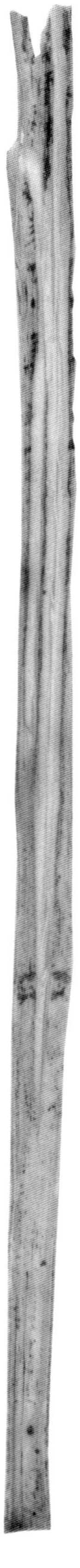
二五五四

二五五五

二五五六

二五五七

二五五八

二五五九

二五六〇

二五六一

二五六二

二五六三

二五六四

二五六五

二五六六

二五六七

二五六八

二五六九

二五七〇

二五七一

二五七二

二五七三

二五七四

二五七五

二五七六

二五七七

二五七八

二五七九
二五八〇
二五八一
二五八二
二五八三
二五八四
二五八五
二五八六

二五八七 二五八八 二五八九 二五九〇 二五九一 二五九二 二五九三 二五九四

二五九五

二五九六

二五九七

二五九八

二五九九

二六〇〇

二六〇一

二六〇二

二六〇三

二六〇四

二六〇五

二六〇六

二六〇七

二六〇八

二六〇九

二六一〇

二六一一
二六一二
二六一三
二六一四
二六一五
二六一六
二六一七
二六一八

二六一九

二六二〇

二六二一

二六二二

二六二三

二六二四 二六二五

二六二六

二六二七

二六二八 二六三〇

二六二九

二六三一 二六三二

二六三三

二六三四

二六三五

二六三六

二六三七